나의 일상을
무너뜨리는
크고 작은 유혹에서
벗어나는 법

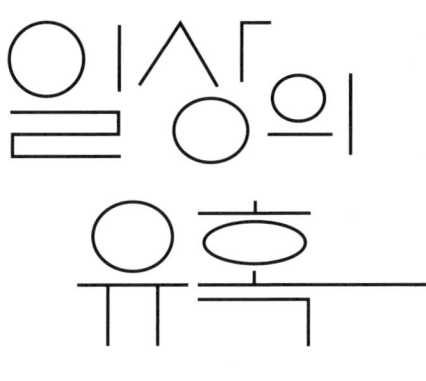

일상의 유혹

손성찬 지음

일상의 유혹

손성찬 지음

토기장이

이 책은 외부로부터의 유혹보다는 우리의 내면으로부터 나오는 자기합리화의 유혹들이 우리의 일상에 어떤 영향을 미치고 있는지를 들여다보게 하는 일종의 '성찰의 책'이라 할 수 있다. 일상의 삶에서 끊임없이 파고드는 자기중심성에 기인한 유혹들과 인간관계에서 표출되는 미움과 분노, 시기심과 질투, 착각과 편견, 안주, 꼰대적 기질들, 그리고 자본주의와 과학기술의 발달로 고무된 시대문화 속의 유혹들을 다루면서, 우리의 일상과 신앙의 좌표가 어떠해야 할지를 알려주는 책이다. 특히 이 책의 장점은 우리 내면에 도사리고 있는 유혹들은 간과한 채 '하나님의 뜻', '사명', '열심'이라는 외형적 구호에만 함몰된 우리의 빈곤하고 위선적인 신앙을 돌아보게 한다는 데에 있다. 자신의 내면에 도사리는 유혹이 무엇인지를 알 때, 우리는 자신에게 정직할 수 있으며, 그것을 통해 온전하신 하나님께로 한 걸음 더 나아갈 수 있음을 깨우쳐 주는 고마운 책이다.

강호숙 「여성이 만난 하나님」 저자

팀 켈러는 우상숭배를 머리에 뿔 달린 마귀에게 절하는 것이 아니라, 좋고 선한 것인데 하나님보다 더 사랑하는 모든 것이라고 정의했다. 하나님만이 채워 줄 수 있는 것을 다른 무엇으로 대체한다면 그것이 바로 내가 섬기는 가짜 하나님이다. 이 책 「일상의 유혹」은 무심코 지나쳤던 나의 욕망을 돌아보게 하고 나의 감정의 끝자락에 있는 우상이 무엇인지를 알려준다. 오늘날 현대인은 감정과 욕망이 이끄는 대로 살아가는 것을 행복이라 생각하는 경향이 있다. 그러나 이 책은 우리의 모든 욕망의 주인이 하나님이심을 선포해 준다. 글은 짧고, 분석은 깊으며, 답변은 유쾌하다.

고상섭 그 사랑교회 목사, CTCKorea 강사 유혹에서 자유로운 존재는 아무도 없다. 유혹은 우리가 어떤 존재이냐, 어떤 환경에 놓여 있느냐, 감당하는 일은 무엇이냐에 따라 크든 작든 날마다 우리를 찾아온다. 특히, 은혜를 받고 무언가를 결심한 날은 묘하게 그 은혜를 가지고 맞서야 하는 삶의 유혹들이 더 강하게 우리를 손짓한다. 다이어트를 결심한 사람들에게 하루 종일 먹을 것들이 아른거리는 것과 비슷한 원리다. 안타까운 것은 이런 유혹들 앞에서 우리의 결심은 참 무력하다는 것이다. 유혹을 이겨내는 경험보다 무너져서 자신의 비참한 모습을 보며 자책하는 날들이 훨씬 더 많다. 우리는 바쁜 일상을 살아가느라고 무엇이 우리를 미혹하는 유혹인지, 유혹이 어떤 과정을 통해 우리를 공격하는지, 어떤 성격과 패턴을 가지는지 깊이 생각하지 못한다. 복되고 귀한 날들을 우리는 그냥 살아간다. 저자는 우리 삶 속에 날마다 찾아오는 유혹들을 가만히 들여다보며, 그 안에 담긴 경향성을 제대로 간파하고 분석하여, 명랑하고 재기발랄한 필체로 풀어낸다. 끊임없이 자신을 괴롭히는 유혹을 안고 살고 있다면, 자기 삶에 존재하는 막연한 유혹들을 선명하게 보기를 원한다면 이 책을 잡고 진지하게 읽어 보자. 분명 영혼에 큰 유익을 얻으리라 확신한다.

김관성 행신침례교회 담임목사, 「본질이 이긴다」 저자

기독교인 중에 적잖은 이들이 자신의 욕망으로부터 비롯된 탐심을 외부적 요인으로 전가해 흔히 '악마의 유혹'이라고 여기곤 한다. 이러한 성향을 띠는 이들의 치명적 오류는 유혹으로 비롯된 문제에 대한 책임을 본인이 아닌 마귀 탓으로 귀결시켜 버리기에, 자신을 성찰하는 인격적 성숙과 신앙적 반성이 쉽게 이루어질 수 없다는 점이다. 나의 벗이자 존경하는 손성찬 목사님이 이번에 세상에 내놓은 책은 이러한 점을 정확하게 진단하여 우리 내면의 연약함과 욕망에 대한 본질적 문제들을 누구나 공감할 수 있는 일상

의 에피소드를 통해 하나씩 집어 주고 있다. '일상의 유혹'으로 부터 벗어나 그리스도 예수 안에서 자유함을 누리길 갈망하는 이들에게 추천과 일독을 권해 주고 싶다.

김디모데 목사, 예하운 선교회 대표, 「뒷골목에서 만난 하나님」 저자

루터가 이런 말을 했다. "새가 내 머리 위로 지나가는 것은 막을 수 없지만 내 머리에 둥지를 트는 것은 막을 수 있다." 정말 우리의 마음속에는 수많은 생각의 '새'들이 날아다닌다. 그것들 중에서 좋은 것만 있으면 좋으련만, 마음의 훈련이 되어 있지 않으면 결코 훌륭하지 않은 '새'일 경우가 대부분이다. 문제는 많은 사람들이 이 '새'들이 자신의 마음에 둥지를 틀도록 내버려 둔다는 것이다. 손성찬 목사의 글은 참 재미있다. 사소해 보이나, 우리를 휘두르는 '새'들이 우리 마음에 둥지를 트는 것을 막을 수 있는 길을 자전적 고백으로 담고 있다. 조금만 더 깊이 생각해 보면 다르게 살 수 있는 일상의 여러 문제들을 다루어 주어서 그 '새'들이 독수리가 아니라 참새가 될 수 있게 도와주고 더 나아가 둥지를 허물 수 있게 해준다. 이 책은 가방이나 침대 머리에 두고, 아무 때나 아무 꼭지를 손에 잡히는 대로 읽어도 유익할 것이다.

김형국 하나복DNA네트워크 대표 목사, 「도시의 하나님나라」 저자

모태신앙으로 성장한 사람이라면 '교회가 지켜야만 하는 것들'이 익숙할 것이다. 그러나 신앙은 생활 그 자체이기에, 교회를 넘어 신앙생활을 한다는 것이 늘 어렵게 다가온다. 단순히 "하지 마!"를 외치기는 쉽지만, 일상 속에서 맞닥뜨리는 선택의 순간들이나 다가오는 유혹들 앞에서 어찌해야 할지 모를 때가 많다. 우리는 어쩌면 그런 수많은 일상 속 유혹들 가운데 신앙적 해답을 찾고 있는지도 모른다. 이 책은 이처럼 알아채기 어려운 일상의 유혹들

속에서 우리가 어찌 반응해야 하는지를 함께 고민하게 한다. "이 거다! 이렇게 해!"라고 답을 주는 것은 아니지만, '나만 고민하는 게 아니구나!', '목사님도 이런 고민을 하면서 사는구나'를 확인하게 하고, 그 안에서 공감과 위로를 불러일으킨다. 누군가 말했다. "위로란 내가 고칠 수 없는 아픔을 가진 사람에게 내 아픔을 꺼내 놓는 것이다." 이 책은 당신에게 답은 주지 못해도 위로를 전해 줄 것이다.

나도움 목사, 스쿨처치 섬김이

손성찬 목사의 글은 읽을 때마다 간결하고 쉽게 쓰였지만 통찰이 가득 담겨 있다고 생각한다. 일상은 피할 수 없다는 측면에서 버겁게 다가온다. 더구나 유혹을 한 줌이 아니라 잔뜩 퍼서 피곤한 우리 삶에 풀어 놓은 것처럼 느껴진다. 사고 후 수습보다는 예방적 신앙을 늘 강조하는 사람으로서 이 책은 수많은 유혹을 예방적으로 감지하거나 유혹에 빠졌음을 진단할 수 있는 진단키트와 같다. 또한 코로나 바이러스보다 더 교묘한 유혹이라는 바이러스의 치료책까지 처방한 책이다. 널리 읽히고 일상의 유혹에서 승리하는 삶이 확산되기를 기대하고 기도한다.

윤은성 목사, 어깨동무학교 교장

이 책은 오늘날 베스트셀러의 성공문법을 잘 따르고 있다. 짧은 호흡, 빠른 전개, 간결한 메시지, 깔끔한 편집, 맘 가는 곳 아무데나 펼쳐보아도 되는 주제별 나열. 너무 깊이 들어가지도, 그렇다고 피상적이지도 않은 적당한 난이도 조절, 젊고 신선한 감각. 완벽하다. 베스트셀러의 성공문법을 따라서 볼썽사납다고 욕하고 싶은가? 그러한 유혹도 버리라. 우리는 이러한 책이 필요했다. 언제까지 맘에 와닿지도 않는 이론과 읽어도 무슨 말인지 알 수 없는 문장으로 점철된 책을 읽으며 나는 독서하는 사람이라고 자위할 것인가? 내가 읽어 본 유혹에 관련한 책 중 최고의 책이다. 기독교 신앙을 우리 시대의 언어와 정서와 감각으로 풀어내는 작가를 또 한 명 가지게 되었다는 건 참으로 큰 복이다.

이동준 푸른나무교회 목사

옆에서 오랜 시간 저자를 지켜보았다. 종종 별거 아닌 것에 멍하게 골몰하고 있더라. 뭐하나 했더니 자기성찰하고 있었다. 저자는 그런 사람이다. 자신을 현미경으로 보는 사람. 그게 글 속에 그대로 드러나 있다. 그런 저자를 알기에 읽어 가며 '징하다 징해'라며 고개를 가로저었으나, 이 글을 읽는 사람은 반드시 무릎을 치며 고개를 끄덕일 것이다. 늘 유혹과 자기합리화에 넘어가는 징하디 징한 우리 모두에게 이 책을 추천한다. 당신의 일상적인 유혹에 대해, 이 책은 명탐정의 돋보기가 되어 줄 것이다.

임형규 라이트하우스(방배) 담임목사, 팟캐스트 '떠럼데오' 공동진행자

나는 모태신앙이다. 그런데 세상에서 사는 것이 힘들었다. 하나님을 열심히 배웠지만 그렇게 행복하지 못했다. 그러다 문득 나는 나를 모른다는 것을 알았다. 아니, 유혹을 알아차리지 못했던 것이다. 이 책은 놀랍도록 세밀하게 스스로 만들어 내는 유혹, 눈치채지 못한 유혹을 알게 한다. 내 안에 깔려 있는 유혹을 인지하게 하고 그것을 말씀과 연결시키는 탁월한 책이다. 신학과 인간학이 깔려 있는 뼈대가 있는 무거운 책이다. 그런데 살코기가 많이 붙어 있다. 그 살코기만 먹고 있어도 일상의 유혹을 알게 되는 너무 귀한 책이다. 추천사를 쓰기 위해 책을 읽으면서 저자의 다른 책을 구입하기로 결정하였다.

장동학 하늘꿈연동교회 목사

'나는 왜 그럴까. 왜 이런 마음이 자꾸 올라오는 걸까.' 우리는 종종 나조차도 제어할 수 없는 마음의 문제 때문에 괴로워한다. 인간의 그릇된 욕망과 마주한 이런 '유혹'들은 생각보다 가까이, 우리 삶 여기저기를 에워싸고 있다. 이로 인해 발생하는 크고 작은 일들 때문에 감정은 쉽게 동요되고 희비가 엇갈리기도 한다. 이번에 손성찬 목사가 쓴 「일상의 유혹」은 바로 이러한 우리의 내면세계의 문제들을 누구나 쉽게 읽고 성찰해 볼 수 있도록 친절하게 안내해 주고 있다. 무엇보다 우리의 연약함 속에서도 마침내 하나님의 회복과 은혜를 발견할 수 있도록 해주는 좋은 책이다. 욕망과 마주한 유혹 앞에 답답하게 탄식하며 고민하는 모든 이들에게 한 잔의 시원한 생수와도 같은 이 책을 기쁨으로 추천하고 싶다.

정혜민 성교육 상담센터 '숨' 대표, 「토닥토닥 성교육, 혼자 고민하지 마」 저자

삶은 유혹과의 끊임없는 싸움이다. 유혹의 사전적 정의는 '꾀어서 정신을 혼미하게 하거나 좋지 아니한 길로 이끔'인데, 이 정의에 유혹의 치명성이 드러난다. 유혹은 정면이 아니라 측면, 드러나는 방식이 아니라 드러나지 않는 방식으로 우리가 마땅히 머물러야 할 곳에서 미끄러지게 한다. 저자는 우리의 일상을 공격하는 다양한 유혹을 자신의 삶을 통과한 언어로 드러내고, 해석하고, 처방한다. 저자와 함께 이 다양한 일상의 유혹 사이를 걷다 보면 어느새 내 일상 속에 들어와 뿌리를 내린 '어떤' 유혹을 마주하게 된다. 치명적이지 않아 보였고 그래서 경계한 적 없었던 그 유혹이 얼마나 파괴적인 것인지 확인하게 되었을 때, 놀란 마음으로 저자가 말하는 유혹의 처방을 다시 펼친다. 이 책은 우리 안에 은밀하게 숨은 적을 찾아내고, 그 적과의 싸움을 시작하는 데 유익하다. 당신을 이 불편한 여정, 그러나 꼭 가야 하는 길 위로 초청한다.

조영민 나눔교회 목사, 「끝까지 찾아오시는 하나님」 저자

이 책은 평범한 우리의 일상 속에서 경험할 수 있는 유혹에 관한 책이다. '유혹'이라는 주제는 그렇게 유쾌하지만은 않은 영역이다. 그럼에도 이 책을 읽으면서 미소 지을 수 있는 이유는 저자의 통찰력을 통해 재해석된 다양한 삶의 스토리 때문일 것이다. 특별히 자신의 삶이 온전한 하나님의 다스림 가운데 있기를 희망하는 청년들에게 이 책을 추천한다. 유혹의 현장에 있는 것보다 더 심각한 문제는, 자신의 삶의 영역에 수많은 유혹이 도사리고 있음을 깨닫지 못하는 영적 무지함이라고 생각한다. 세상의 가치관에 익숙해진 청년들이 이 책을 통해 당연하게 여겼던 것을 당연하게 여기지 않는 거룩한 저항을 품게 되기를 기대한다.

주성하 오륜교회 목사(청년국장)

인간은 합리적 존재가 아니라 합리화하는 존재다. 어려움을 겪는 골목식당을 전문가의 손을 통해 다시 태어나도록 만들어 주는 유명 TV 프로그램만 봐도 그렇다. 어떤 사장님들은 아무리 외식업 전문가가 개선점에 대해 이야기를 해주어도 그대로 따르지 않는다. 본인이 하고 싶은 것이나 하기 싫은 것을 미리 정해 놓고, 거기에 수많은 이유를 갖다 댄다.

성경은 우리를 파멸시키는 '죄'의 개념을 '자기중심성'으로 소개한다. 주인이신 하나님의 통치를 거부하고 스스로 주인이 되고자 하는 욕망이 그것이다. 선악과 앞에서 하와는 "정녕 죽으리라"라는 하나님의 말씀을 "죽을까 하노라"로 재해석하여 받아들인다. 그 이후의 인간의 여정은 똑같다. 자기중심적으로 해석한다. 그래서 쉽게 유혹당하고 그것을 합리화한다.

뚝심이 있다, 합리적이다, 혹은 신앙인으로서 훌륭하다는 평가는 의미가 없다. 우리가 너무나 좋아하는 다윗이 그것을 증명하였다. 다윗 같은 위대한 신앙인도 유혹 앞에 쓰러진

적이 많았다. 간혹 과거보다 지금 시대가 유혹거리가 더 많아져서 더 힘들다고 평하는 이들이 있다. 하지만 그것 역시 자기합리화에 불과하다. 어떤 문화, 어떤 시간 속에 있든지 헤쳐 나가야 할 실재들은 항상 있기 마련이기 때문이다. 그렇다. 타락한 인간에게 찾아오는 유혹의 기제는, 그리고 이에 대한 인간의 반응은 시대와 장소를 막론하고 비슷하다.

학창시절에 이런 경험을 한 적이 있을 것이다. 문제집을 풀고 난 뒤, 해답지의 정답과 맞춰 보며 맞고 틀림을 체크한다. 그러다 애매한 상황을 마주한다. 틀렸다고 찍 그었는데, 문제풀이를 보니 내가 아는 내용이고 아까 문제를 풀 때 아리송해서 고민했던 것이다. 그때 내 안에서 신기한 음성이 들려온다. '이건 내가 원래 아는 거다. 잠깐 착각했다. 고로 틀린 게 아니다.' 그렇게 기적의 삼단논법을 거치면서 틀린 문제의 사선 표시가 반원이 되는 현장을 목도한다. 그렇게 그 문제는 틀린 게 아닌 게 된다.

하지만 엄연히 틀린 건 틀린 것이다. 그렇게 구렁이 담 넘어가듯 넘어가면, 잠깐의 정신승리는 될지언정 나중에 반드시 또 틀린다. 틀렸다는 것을 인정해야 다시 공부를 하게 되고, 나중에는 맞게 된다.

인간에게 유혹은 늘 있다. 더욱이 그리스도인에게 있어서 유혹은 일상이다. 타락한 옛사람의 잔해와 우리를 고꾸라뜨리려는 악의 세력은 시시각각 우리를 뒤흔든다. 물론 촌스럽게 대놓고 끌어당기지는 않는다. 일상 속에 교묘히 스며들어, 인간이 눈치채지 못할 방식으로 휘감아 버린다.

그래서 이 책에는 모두가 알 만한 공개적인 유혹뿐 아니라, 우리네 일상에서 눈치채지 못하고 지나갈 만한, 그러나 하나둘씩 쌓이면 우리의 존재를 무너뜨릴 그런 유혹들을 적어 보았다. 부디 이 안에서 나 자신을 발견하고, 확인하며, 다시 틀리지 않기를 소원한다.

차례

추천의 글
프롤로그

Part 1. 심리

020   #1 자신을 속이지 말자 : 상황을 모면하고자 하는 거짓말의 유혹

023   #2 하필 오늘 헬스장에 못 간 이유 : 잘못을 인정하고 싶지 않은 유혹

025   #3 중급반을 넘어서서 : 중간에 포기해 버리고 싶은 유혹

027   #4 제발 좀 미쳐라 : 평균적인 사람이 되고 싶은 유혹

030   #5 라떼인간 : 자기만의 방식을 고집하려는 유혹

033   #6 꼰대라 부르기 전에 : 다른 이의 말을 듣지 않으려는 유혹

036   #7 습관의 힘 : 마음만 먹고 만족하려는 유혹

039   #8 나는 나를 잘 모른다 : 자신을 잘 안다고 생각하는 착각의 유혹

042   #9 유행이 되어 버린 여행 : 다른 사람을 따라하고 싶은 유혹

045   #10 높은 곳에 올라야 멀리 본다 : 쉽게 판단하려는 선입견의 유혹

047   #11 나에게 잘해야 한다 : 기대한 만큼 보상받고 싶은 유혹

050   #12 적당히 살아 보자 : 자신의 기준을 만족시키려는 완벽주의의 유혹

053   #13 어쩔 수 없었다 : 자꾸만 핑계를 대려는 게으름의 유혹

Part 2. 감정

058   #14 자꾸 네가 떠올라 : 계속해서 미워하고 싶은 유혹

060   #15 '분노조절잘해'가 문제 : 만만한 사람 앞에서만 화를 내려는 유혹

063   #16 네가 나보다 잘나서는 안 되지 : 남과 비교하는 시기심의 유혹

067   #17 왜 너는 되고, 나는 안 되지? : 나만 주목받으려는 질투의 유혹

Part 3. 일상

072   #18 결혼식을 준비하지 마라 : 본질보다 형식에 치중하려는 유혹

075   #19 조그마한 기계 따위의 힘 : 우리 삶을 갉아 먹는 스마트폰의 유혹

078   #20 기적은 없다 : 지금 이대로 안주하고 싶은 유혹

081   #21 카카오톡 묵상 : 온 신경을 사로잡는 조그마한 채팅창의 유혹

Part 4. 관계

086   #22 그러지 말았어야 했다 : 관계 맺기를 포기하고 싶은 유혹

089   #23 죽고 싶다 : 삶을 포기하고 싶은 유혹

092   #24 가족이 된다는 것 : 가족이라는 관계에서 벗어나고픈 유혹

096   #25 프로불편러 : 비판을 넘어 비난하고자 하는 유혹

099   #26 오래 보아야 아름답다 : 다른 사람을 쉽게 판단하려는 유혹

Part 5. 쾌락

104   #27 마음이 고픈 사람들 : 내면의 허기를 다른 것으로 채우려는 유혹

107   #28 이젠 정말 마지막이야 : 악순환에 빠져드는 중독의 유혹

111   #29 정말 괜찮을까? : 그릇된 성문화의 유혹

Part 6. 시대

- 116   #30 내가 제일 힘들어 : 자신만 바라보는 자기연민의 유혹
- 119   #31 너의 가치를 증명해 보라 : 쓸모 있는 존재가 되고자 하는 유혹
- 122   #32 줄 잘 서는 사람 : 헛된 것을 믿으려는 유혹
- 125   #33 SNS의 맛 : 달콤한 허상의 유혹
- 128   #34 쿨병에 대하여 : 관계를 회피하고 싶은 유혹

Part 7. 힘

- 132   #35 어머! 저건 꼭 사야 해! : 더 많이 소유하고 싶은 유혹
- 135   #36 어떻게든 인정받고 싶어 : 자신의 영광을 추구하고 싶은 유혹
- 138   #37 뫼비우스의 띠 : 돈으로 무엇이든 해결하려는 유혹
- 141   #38 그리스도인의 리더십 : 하나님의 이름으로 지배하려는 유혹

Part 8. 신앙

- 146   #39 내가 보면 꼭 지더라 : 음모론에 몰입되려는 유혹
- 150   #40 잠잠하라 : 악에 분노하지 않고 덮어 버리려는 유혹
- 153   #41 합법과 불법 사이 : 적당히 불법과 타협하고 싶은 유혹
- 155   #42 바로 지금이 기회야! : 기회를 섭리로 해석하려는 유혹
- 158   #43 Before & After : 돈으로 변화를 사려는 유혹
- 161   #44 너는 다 계획이 있구나 : 미래에 대한 두 가지 유혹
- 164   #45 적당한 신앙, 적당한 구원 : 신앙과 삶을 분리하고 싶은 유혹
- 167   #46 명확한 뜻 : 하나님의 기적적인 개입만을 구하려는 유혹
- 169   #47 겨울연가 : 인생 역전만을 기다리려는 유혹

172	#48 신앙사춘기 : 모든 것을 부정하고 싶은 유혹
175	#49 무기력하라고 보내셨겠죠 : 근사한 소명만을 추구하려는 유혹
178	#50 말로는 뭐든 못하겠는가 : 다른 이의 삶을 쉽게 판단하려는 유혹
181	#51 사랑 뒤에 숨지 말자 : 불편함과 아픔을 회피하고 싶은 유혹
184	#52 예수 믿으면 잘될 것이다 : 신앙과 성공을 연결시키려는 유혹
187	#53 이게 내 사명이다 : 자기 마음대로 사명을 단정하려는 유혹
189	#54 그들은 영웅이니까 : 신앙적 도전을 회피하고 싶은 유혹
192	#55 왜 내게 이런 일이 : 고통에 대해 쉽게 판단하려는 유혹

Part 9. 예수님이 받으신 유혹

196	#56 돌은 돌이요 떡은 떡이로다 : 내 마음대로 기준을 세우려는 유혹
199	#57 자유하라 : 주권을 넘겨주려는 유혹
202	#58 네 가치를 증명하라 : 비교를 통해 인정받으려는 유혹

에필로그

Part 1.

심리

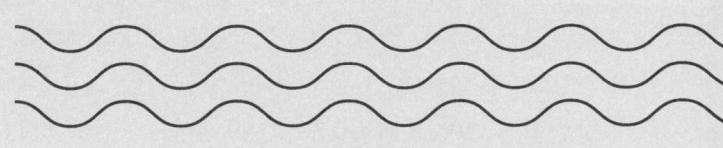

자신을 속이지 말자
상황을 모면하고자 하는 거짓말의 유혹

대중적 인기를 누리는 연예인들이나 소위 공인이라고 불리는 이들이 사회적 물의를 일으키고 반성문을 공개적으로 올리는 경우가 있다. 그런데 가끔은 그 반성문이 더 큰 공분을 불러일으키곤 한다. 분명 죄송하다고는 하는데, '그럼에도 불구하고', '다만', '그런 것은 아니었다'라며 구구절절 자기변명으로 일관하는 태도에 더 화가 나는 것이다.

이상하지 않은가? 분명 반성문을 쓸 때 코치해 주는 사람이 있을 텐데 왜 이렇게밖에 쓰지 못하는 것일까? 문제의 당사자가 자신의 잘못을 파악하고 그것을 완전히 인정하는 것이 그만큼 어렵기 때문이다. 자기 잘못을 완전히 인정하지 못하기에 거짓말로 위기를 모면하고, 자신이 여전히 괜찮은 사람임을 보여 주기 위해 그런 식으로 행동하는 것이다.

미국의 한 조사에 의하면 성인이 하루에 하는 거짓말은 평균 200회 이상이라고 한다. 누군가와 첫 대면을 했을 때 사람은 10분 안에 3회 이상의 거짓말을 한다는 보고도 있다. 이 정도면 거의 호흡이고 삶이다. 게다가 우리 시대는 거짓말쟁이를 옹호한다. 자기 자신을 잘 포장해야 하고 남에게 자신의 가치를 잘 팔아야 한다. 여전히 '정직'이라는 덕목을 칭찬하지만, 사회 기저에 흐르는 분위기는 임기응변으로 잘 대처하는 사람, 즉 적절한 조작을 이용해서라도 상황을 통제하고 지배하는 이들을 선호한다. 솔직히 사회가 원하는 모습으로 더 정교하게 '메이크업'하는 자가 사회적으로 성공하기 쉽다.

거짓말은 어떻게 알 수 있을까? 정확히 구분하기는 어렵지만, 시간이 지나고 나서 마음이 불편하다면 거짓말일 가능성이 크다. 거짓말을 하면 마음이 피곤해진다. 마치 나쁜 짓을 한 사람이 경찰차 사이렌 소리만 들려도 몸을 움츠리는 것처럼, 무거운 거짓말일수록 별일 아닌 일에도 위축되고 사람들의 시선을 피하게 된다. 거짓은 가장 달콤한 사탕이나, 동시에 가장 무거운 형벌이기도 하다.

또한 잘못된 반성문이 대중의 공분을 불러일으키는 것처럼, 거짓말은 늘 더 큰 거짓을 불러 더 큰 문제를 일으킨다. 그래서 무거운 거짓말일수록 더 크고 더 많은 후속적 거짓말이 필요하다. "하나의 거짓말을 완성시키기 위해서는 100개의 거짓말이 필요하다"는 말은 그 본질을 정확하게 파악한 것이다.

그런데 핵심은 조금 다른 곳에 있다. 사실 거짓말을 가장 많이 건네는 대상, 가장 무거운 거짓말을 던지는 대상은 '타인'이 아니라 '자기 자신'이다. 우리는 자기 자신을 있는 그대로 인정하지 않으려는 거짓말에 스스로 넘어간 후에야 타인을 속인다. 그렇다. 인간은 늘 자기 자신을 가장 많이, 그리고 가장 무겁게 속인다.

주님께서는 마귀에 대해 이렇게 언급하신다. "진리에 서지 못하고 거짓을 말할 때마다 제 것으로 말하나니 이는 그가 거짓말쟁이요 거짓의 아비가 되었음이라"(요 8:44). 거짓은 분명 마귀의 것이고, 마귀의 주력상품이다. 상황을 모면하고자 하는 거짓말의 유혹으로부터 도피하기를 원하는가? 우리의 구원은 자기 자신마저 속이려 드는 '죄인 됨'에 대한 인정, 즉 거짓 없는 고백과 이를 향한 하나님의 용서로 이루어진다.

하필 오늘 헬스장에 못 간 이유
잘못을 인정하고 싶지 않은 유혹

어물쩍 그냥 넘어가려는 기제를 자기합리화라고 한다. 이는 마치 옆구리에 붙은 군살처럼, 늘 우리네 삶과 함께한다. 우리는 누구나 인간적인 성장을 꿈꾸지만, 정작 돌아보면 '자기합리화'의 스킬만 성장하는 것 같다.

그래서 오늘도 우리는 "내가 오늘 헬스장에 못 나간 것은 업무량이 많았기 때문이야", "공부는 열심히 했지만, 이번 시험이 유독 어렵게 나왔어", "스트레스가 이렇게 많은데 뭔 금주야. 이런 날은 한 잔 해야지"와 같은 말을 늘어놓는다. 똑같지 않은가? "나 원래 알던 거야. 내가 집중을 안 해서 그래"라는 합리화의 이면에는, 마음만 먹으면 자신은 언제든 성장하고 변화될 수 있다는 착각이 존재한다. 실패와 포기의 원인을 어쩔 수 없는 외부적 요인으로 돌리는 것이다.

그냥 솔직하게 말하면 된다. "사람이 어떻게 다 알 수 있겠어! 이번 기회에 배우면 되지." "아 인정! 이건 의지 부족! 다음엔 다른 프로세스로 도전해 보자." 그러나 그렇게 쿨하게 인정할 수만은 없는 것은, 자기 잘못으로 인정하는 순간 뭔지 모를 '죄책감'이 들기 때문이다. 외부적인 요인으로 '탓'을 돌리면, 결과는 그대로라 해도 최소한 '나'는 안 건드리기 때문에 마음은 편하다. 하지만 그럴 경우 그다음은 없다. 성장 없이 늘 그 언저리에 머물 것이다.

이런 자기합리화도 있다. 나의 감정적, 정서적 어려움을 곱씹으며, "그 사람 때문에 내가 이렇게 된 거야"라고 남 탓을 하는 것이다. 아마 부모에 대한 원망이 이런 식으로 투영되리라. 물론 꼭 틀린 말은 아니다. 특히 성장 과정 중에 부모에게 입은 내상은 좀처럼 치유가 되지 않는다. 그러나 그 누구도 나를 지옥에 살게 할 수는 없다. 특히 과거의 인물이 현재의 나를 지배할 수는 없다. 그것은 현재의 나를 보호하기 위한 변명이요, 또다시 그 자리에 머물게 만들려는 유혹일 뿐이다.

중급반을 넘어서서
중간에 포기해 버리고 싶은 유혹

일반적으로 수영장에서 진행되는 수영강습은 초급, 중급, 고급 정도로 구성되어 있다. 그런데 가만히 보니 '중급반'은 월말로 갈수록 사람이 급격히 줄어들었다. 몇 개월을 지켜봤는데도 매월 동일했다. 초급반과 고급반은 월말이 되어도 그렇게 변동이 크지는 않은데, 유독 중급반만 늘 그랬다.

아마도 '초급반'은 굳게 마음먹고 시작한 것이기에 열의가 넘치고, 또 처음 배우는 재미에 빠져 이탈자가 그리 많지 않은 것 같다. 반면 '고급반'은 이미 수영이 익숙해진 만큼 운동이 습관화되었기에, 또한 꾸준한 운동이 자신에게 어떻게 좋은지 알고 있기에 유동이 없어 보인다. 그러나 '중급반'은 애매하다. 생각보다 실력이 팍팍 늘지 않고, 어느 정도 다양한 영법들을 구사할 수 있다는 근거 없는 자신감도 생긴다.

그러다 보니 조금만 바빠져도 우선순위에서 밀린다.

많은 그리스도인들의 현재가 이렇다. 차갑지도 뜨겁지도 않은 상태. 그 결과 신앙은 항상 삶의 우선순위에서 밀린다. 진리에 압도되는 상태가 되는 것은 지리멸렬한 중급반의 과정을 거쳐야만 가능하다. 그것이 내 몸과 내 영혼 안착할 때까지 부단히 노력해야 한다. 그런 의미에서 말씀과 기도는 두말할 나위 없는 기본이다.

특식이나 보약보다, 늘 먹는 밥상이 건강식이어야 우리 몸은 건강해진다. 어떠한 특별한 감동이 없더라도 좋은 환경이 좋은 사람을 만들고, 좋은 습관이 좋은 사람을 만든다. 그나저나 나는 여전히 수영 중급반을 넘어서지 못하고 또 개점휴업이다.

제발 좀 미쳐라
평균적인 사람이 되고 싶은 유혹

나는 모태신앙이다. 그중에서도 흠도 티도 없는 나실인 같은 자였다. 나실인이었던 삼손이 가만히 있어도 장발 때문에 티가 났던 것처럼, 나 역시 성장하면서 뭔가 다른 사람들과 다르다는 것을 하나씩 인지하기 시작했다.

처음으로 직면했던 것은 중학교에서 도시락 먹을 때, 아니 정확히 말하면 도시락을 몰래 먹었을 때 했던 식사기도 때문이었던 것 같다. 반드시 3교시 후의 쉬는 시간 10분, 그 찰나 같은 순간 안에 다 먹어 버려야 했다. 그런데 늘 그 10초 정도의 식사기도가 내 발목을 잡았다. 그 10초 동안 나만 뭔가 다른 행동을 한다는 것에 위화감을 느꼈다. 그 느낌이 싫었다.

남의 시선을 잘 의식하는 우리나라 사람들에게는 '정상' 혹은 '평균'이라는 말이 크게 다가온다. "못 해도 중간은 가야 한다", "모난 돌이 정 맞는다"라는 말이 반복해서 회자되는 것은, 그것이 우리네 실정을 잘 반영하는 말이기 때문일 것이다.

딸아이가 초등학교에 입학할 준비를 하고 있다. 예전부터 교육 철학은 확고했다. 하나님께서 허락하신 달란트를 잘 발견하고 자기가 원하는 삶을 살아야 한다는 것. 분명한 것은 오직 대학 입시만을 목적으로 살다가, 도대체 자기가 누구인지도 모르고 사는 인생이 아니길 바란다는 것. 이 정도면 괜찮지 않은가? 공감하는 사람이 의외로 많을 것이다. 그러나 남의 얘기일 때와 내 아이의 얘기일 때는 전혀 다르다. 그리고 실제 학교에 가면 철학은 철학일 뿐, 모든 것이 무너지게 된다. 어느덧 '다들 저렇게 하는데, 내 잘못된 주관으로 아이 인생을 망치는 것은 아닐까?'라는 불안감에 휩싸인다.

그럼에도 불구하고 끝까지 철학을 고수하는 사람들이 있다. 그렇다면 이번에는 주변 사람들의 시선과 싸워야 한다. 입은 가만히 있지만 눈빛으로는 '그래, 얼마나 잘났는지 보자'라고 쏘아본다. 그렇다. '평균'과 '정상'이라는 사회적인 압박감과, 실제 사람들의 이런 시선을 넘어설 수 있는 사람은 사실 별로 없을 것이다. 누구라도 평균의 함정, 정상의 함정으로부터 쉽게 벗어나지 못한다.

SNS나 TV 같은 미디어에 주로 노출되는 이들의 외모, 체형, 라이프 스타일, 핫아이템들은 사실 작위적이고, 선택적이며, 보정된 것들이 많다. 그러나 반복적으로 노출되다 보면 어느덧 그것이 정상적인 삶처럼 느껴진다. 나도 모르게 평균과 정상이라는 기준이 엄청 높아지는 것이다. 이게 미디어와 SNS가 만들어 낸 '평균'과 '정상'의 함정이다. 그 함정에 빠진지도 모른 채 허우적거리다 보면 어느새 한껏 낮아진 자존감을 마주하게 된다. 그리고 내면에서는 이러한 음성이 들린다. '아! 그들과 같이 되고 싶다!' 단도직입적으로 물어보겠다. 당신은 당신 주변인들이 나와 같이 되기를 원하는가, 아니면 당신이 그들과 같이 되기를 원하는가?

다르다는 얘기를 듣는 게 뭐 그리 두려운가? 어차피 너랑 나랑은 다르다. 또한 분명한 사실은 그 누구도 평균적인 사람은 없다는 것이다. 산술적으로 모든 인간의 총합을 나눗셈하여 만들어 낸 인간은 AI가 생산해 낸 가상의 인간일 뿐이다. 우리는 모두 하나의 작품으로 빚어진 다양성을 지닌 존재들이다. 평균의 함정, 정상의 함정에 빠지지 말자. 평균적이어야 한다는, 정상적이어야 한다는 사이렌의 음성에 유혹당하지 말자.

그리스도인으로서는 미쳤다는 얘기를 듣는 게 오히려 좋은 것이다. 아니, 꼭 그리 되어야 한다. 내가 가진 소망의 이유가 세상이 말하는 '정상'이라는 기준을 넘기를 바란다.

라떼인간
자기만의 방식을 고집하려는 유혹

힘들 때마다 가족과 함께 두 달간 유럽여행을 갔던 때의 추억을 떠올린다. 그러다 문득 그러한 회상이 축복이 아니라, 도리어 현재의 고통을 회피하려고만 하는 욕구의 반영임을 깨달았다. 생각해 보니 현실의 무게가 더 무겁게 느껴질 때마다 그때의 기억이 더 선명하게 떠올랐던 것 같다.

'Latte is horse'라는 말을 아는가? '라떼는 말이다', 즉 '나 때는 말이야'라는 뜻이다. 주구장창 "나 때는 말이야"라는 말을 습관적으로 내뱉는 꼰대들을 향한 조소다. 그러나 한편으로는 쓸쓸함이 느껴지기도 한다. 얼마나 많은 현재의 좌절들이 겹쳐지면 나도 모르게 습관적으로 '과거'를 상징하는 언어체계가 가동되는 것일까?

물론 인간은 누구나 결국에는 라떼인간이 된다. 나이가 들어갈수록 인생이 자기 마음대로 안 된다는 것을 뼈저리게 느끼게 되기 때문에 과거 지향적으로 변모한다. 다만 그것을 누군가에게 입 밖으로 내놓을 때 문제가 되는 것이다. 그런 사람은 사실 상대가 듣든 말든 그건 중요하지 않다. 그가 불쾌해할 수도 있다는 것을 알면서도 내뱉는다. 내 이야기를 공유하는 누군가가 있다는 그 점 자체로 안위가 되니까. 그렇게라도 해야 자존감이 생기니까.

하지만 솔직해 보자. 그때가 좋기는 했지만, 지금 내가 말하는 정도까지 좋지는 않았다. 그때 잘되기는 했지만, 지금 내가 말하는 정도까지 잘되지는 않았다. 어느새 내 기억과 이미지는 부풀려진다. 그러면 그럴수록 현재의 가능성은 소멸된다.

군목으로 있을 때 발견한 현상이다. 어떤 신병들이 전입한다. 선임들은 요즘 신병들은 개념이 없다고 말한다. 그런데 그 신병들이 상병이나 병장이 되고 나면 나에게 와서 요즘 신병들은 개념이 없다고 말한다. 이처럼 누구나 자신의 아랫세대들은 개념이 없다고 생각한다. 아랫세대들은 기성세대들이 누렸던 주류 문화와는 완전히 다른 문화 가운데 살아가기 때문이다. 그게 자연스러운 것이다.

이를 통해 '라떼인간'의 숨겨진 의도를 발견할 수 있다. "나때는 말이야"라는 말의 이면에는 "요즘 젊은 것들은 버릇이 없어"가 생략되어 있는 것이다. 즉 마주하고 있는 상대를 내 밑으로 둠으로써 은근슬쩍 자존감을 누리려고 하는 것이다. 저들도 나와 같은 방식으로 노력해야 나의 성취가 빛을 보는데, 그러지 못하는 데서 나온 억울함의 발로일 뿐이다. 이런 이유들 때문에 '라떼인간'은 건강하지 않다. 어리석음으로 가는 유혹일 뿐이다.

'교회라떼'도 있다. "나 때는 이렇게 했는데", "나도 예전에 다 해봤는데", "예전에는 이런 직분이 있었는데", "예전에는 30일 금식기도도 했는데" 등등…. 이런 말 하지 말자. 과거의 당신은 여기 없다. 그렇다면 지금 하시면 된다.

꼰대라 부르기 전에
다른 이의 말을 듣지 않으려는 유혹

'꼰대'적인 성향의 사람들을 싫어했었다. 그런데 어느새 한 살 한살 먹다 보니 내가 꼰대로 여겼던 이들의 나이가 되어 버렸다. 그래서 혹시 나도 '꼰대'라는 소리를 들을까 봐 그리 되지 않으려 노력했다. 때문에 나는 '꼰대'가 아닌 줄 알았다. 들어본 적이 없으니.

그러나 나와 전혀 다른 세대적 감수성으로 무장한 친구와 진지하게 장시간 대화하고 나니, 더 이상 감출 수가 없었다. "그래 나 꼰대다!" 인정하고 나니 얼마나 시원하던지. 생각해 보니 자기가 들어본 적이 없기 때문에 꼰대가 아니라는 것은 참 귀여운 착각이다. 싫은 사람 면전에서 "너 싫어!"라고 말할 수 있는 사람이 과연 얼마나 되겠는가? 물론 여전히 꼰대 짓은 싫다. 오지랖 넓게 타인의 삶에 이래라저래라

하고 싶지도 않다. 그러나 이러한 커밍아웃이 나를 얼마나 후련하게 했는지 모른다.

세대를 막론하고 누구나 동의하는 '꼰대'적 기질은 피해야 하겠지만, 모두가 동의할 정도의 꼰대 짓은 에둘러 '꼰대 짓'이라고 할 필요도 없이 그냥 '나쁜 짓'이다. 그러나 반대로 잘 알지도 못하면서 모든 유무형의 조언을 자기에 대한 꼰대질이라고 반응하는 '꼰대메이커'도 나쁘다. 잘못된 것은 세대를 막론하고 잘못된 것이다.

일방향적이고 위계적인 기성 세대의 문화에 대한 비판으로 '꼰대'라는 말이 급부상하게 되었다. 잘 알지도 못하면서, 인격에 대한 존중 없이 지나치게 참견하고 지적을 해왔기 때문이다. 그러나 숙고해 보면, '꼰대'라는 말의 일반화는 자신을 늘 피해자의 위치에 두려고 하는 자기연민적인 코드가 대중화되었기 때문이라는 생각도 든다. 누구에게도 참견받고 싶지 않기에 타인의 '개입'을 원천적으로 차단하는 것이다.

누군가를 꼰대라 부르기 전에, 누군가의 조언을 의도적으로 안 듣고자 하는 것은 아닌지 생각해 보자. 내 인생도 잘 모르면서 너무 쉽게 조언하려 한다는 피해의식에 젖어 있지는 않은지 돌아보자. 그도 나를 잘 모르지만 나 역시 그를 잘 모른다. 사람이 사람을 어떻게 다 아는가? 그럼에도 내게 간섭한다고 쉬이 꼰대라 부르는 것은, 자신이 바로 '꼰대'라는 것을 스스로 증명하는 것이다. 꼰대는 남의 말을 수용하지 않고, 자기가 하고 싶은 말만 하는 사람을 지칭하는 말 아니던가? 들어야 하는 이야기를 들어야 하는 때에 듣지 못한다면 나만 손해다. 너무 쉬이 꼰대라 부르지 말자. 또 꼰대라는 소리 듣기를 너무 어려워할 필요도 없다.

습관의 힘
마음만 먹고 만족하려는 유혹

다들 새해가 되면, 뭔가를 다짐하는 연례행사를 한다. 그리스도인이라면 한 번쯤은 '성경 읽기'에 도전해 보지 않았을까? 하지만 출애굽기의 벽을 넘는 것도 쉽지 않은 것이 현실 아닌가. 수영을 다닌 적이 있는데, 새해를 맞아 1월로 넘어가니 수영장에 사람이 미어터질 지경이 되었다. 불과 며칠 사이에 두 배가 된 것이다. 그런데 신비하게도 수요일이 되자 인원의 30%가 사라졌고, 금요일이 되자 이전 숫자로 돌아갔다.

자존감 타령하는 현대인들이지만, 우리는 생각보다 자신을 꽤 괜찮게 본다. 그래서 때론 '마음만 먹으면 할 수 있다'는 오해에 빠지곤 한다. 그러나 사실은 어떠한가? 굴러가던 공은 계속 굴러가지만, 가만히 있던 공은 그 자리에 머무르려는 무게만큼 강력한 힘을 주어야만 움직인다. 즉 '마음먹는 것'보다 더 강력한 힘은, 정지한 상태를 붙들어 매는 '중력의 힘'이다. 하물며 굴리는 에너지가 지속되지 않으면 굴러가던 것도 멈추게 된다. 그렇다. 결심한 것으로만 따지면 우리는 이미 하버드에 들어갔다. 이미 내 몸매는 헬스잡지 표지모델이다. 마음만 먹은 걸로 따지면 다들 '간디'고 '마더 테레사'다.

재미있게도 사람은 변해야겠다고 결심하는 순간, 이미 만족감이 생긴다. 아직 바뀐 것이 없더라도, 아니, 실제 아무것도 안 했더라도 그렇게 마음먹은 것 자체에 만족감을 느껴 버리는 것이다. 그런데 이게 더 위험하다. 그런 식으로 계속해서 미루다가 더 이상 버틸 수 없게 되었을 때 어떠한 계기로 정말 '큰 맘'을 먹고 도전하지만, 그 역시 이루어질 리 없다.

왜 그럴까? 한 번에 갑자기 변화하려는 욕심과, 마음만 먹으면 할 수 있다는 자기 속임 때문이다. 인간은 '의지'의 동물이 아니라 '습관'의 동물에 가깝다. 지금 마주하는 오늘은 나의 의지로 새로이 그려낸 시간이 아니라, 지금까지 살아온 날들의 합일 가능성이 더 크다. 특히 부정적인 습관, 즉 '중독'은 자신의 의지로 쉽게 탈출할 수 없다. 마음만 먹으면 할 수 있는 존재는 '인간'이 아니라 '신'이다. 즉 하나님밖에 없다. 우리는 마음만 먹는다고 할 수도 없을 뿐더러, 거대한 계획일수록 반드시 실패하게 된다.

인류의 역사를 보아도, 한 개인의 삶을 보아도, 대부분의 변화는 '혁명'이 아니라 '개혁'에서 시작되었다. 칼을 빼들고 한방에 바꾸려 하는 '혁명'은 대부분 실패했다. 혹 성공한다 해도 급격한 반동을 불러일으켰다. 수많은 자잘한 변화들이 정착되고 그것이 쌓여 자연스레 전환되는 것이 진정한 변화고, 안정적인 변화다.

조그만 것부터 시도하고 달성하며 나의 삶의 일부가 되도록 해야 한다. 그런 면에서 신앙생활의 '습관'은 너무도 중요하다. '습관적인 신앙'이 되지 않게 해달라는 대표기도들을 참 많이 들어보았을 것이다. 물론 맞는 말이다. 그러나 '습관' 자체가 잘못된 것은 아니다. 이 글을 읽고 '그렇지!'라고 동의하며 책장을 넘긴다면, 당신은 또 유혹에 빠진 것이다. 언젠가는 하리라 다짐했던 말씀 묵상과 기도, 그리고 선행을 지금 당장 작은 것부터 실천해 보자.

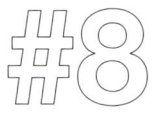

나는 나를 잘 모른다
자신을 잘 안다고 생각하는 착각의 유혹

유혹은 보통 자기 자신을 잘 안다고 착각하는 것에서부터 시작된다. 처음부터 망가질 것을 예상하고 어떤 선택을 하거나 그러한 자리로 가는 사람은 없다. '나는 그렇게 되지 않을 것이다'라는 믿음, 즉 통제 가능하다는 믿음 아래 의도적이든 우발적이든 그 유혹의 자리에 가게 된다. 그렇게 부지중에 유혹에 넘어가 무너진다.

일반적으로 우리는 유달리 '쾌락'에 약한 이들이 유혹에 잘 넘어간다고 생각하지만, 유혹에 노출되는 것과 유혹에 끌려서 지배되는 것은 다르다. 도리어 자신이 쾌락에 약하다는 것을 분명히 인지하는 이들은 자신과 주변 환경에 예방조치를 취해 놓기 때문에 유혹에 강하다. 하지만 "늦바람이 무섭다"라는 말처럼, 자신은 안 그럴 줄 알고 방심하고 있다가 어느 날 갑자기 다가온 큰 유혹에 한 방에 넘어가는 경우를 종종 본다.

30대에 들어서부터 내 마음을 휘감고 놓아 주지 않는 생각이 하나 있다. '나는 나를 잘 모른다'는 것이다. 내 맘대로 살아가기 힘든 환경 속에서, 심지어 내 몸뚱이 하나도 내 맘대로 컨트롤하기 힘든 상황을 연달아 마주하면서 너무나 자주 느끼는 감정이다. '나는 누구일까? 나는 내가 참 낯설다.' 그러나 자신을 향한 이런 답도 없는 모호한 질문이야말로 착각의 '유혹'에는 엄청난 백신이리라.

벌거벗은 여인의 유혹을 참아낸 요셉과 기름진 왕의 음식을 참아낸 다니엘. 이들의 영웅담을 칭송하다 보면, 어느새 나도 그들과 같은 반열에 있다고 생각할 수도 있다. 그러나 자신을 지배하는 주인의 아내가 '쾌락'과 '안락함'을 약속하며 유혹할 때 그 자리를 벗어날 수 있는 사람이 몇이나 될까? 욥의 고통이 성경 속 활자 안이 아니라, 실제 내 삶의 언저리에 머물 때, "하나님을 욕하고 죽으라!"고 외치는 그의 아내의 말을 거부할 사람이 몇이나 될까? 그 자리에 서 보지 않고는 아무도 모른다.

우리는 모두 '전문가의 함정'에 빠져 있다. 전문가는 그 분야에 대한 전문적인 지식을 갖고 있는 사람, 즉 '잘 아는 사람'이다. 그래서 우리는 '전문가'라는 타이틀이 붙은 사람에게 스스로 무한한 권위를 넘겨준다. 그러나 아무리 전문가라도 '지식'은 있을지 몰라도 '경험'은 부재할 수 있지 않은가? 그리고 그 역시 사람이기에 자의적 판단과 해석을 할 가능성이 분명 있다. 우리 역시 대부분 자기 자신이 '나'의 전문가라는 자의식에 젖어 있다. 그래서 남의 말을 잘 듣지 않는다.

성경은 하나님이 어떤 분이신지에 대해서만 말하는 것이 아니라, '인간'이 어떤 존재인지도 말해 준다. 귀를 기울여 보자. 또한 인문학, 그중에서도 '역사'의 교훈을 참조하자. 세상사는 돌고 돈다. 그리고 '나'에 대해 알아 가는 시간은 반드시 필요하다. 스스로 성찰하는 시간도 필요하나, 가끔은 주변 사람들의 '말'에 주의를 기울이자. 때로, 아니 자주 그들의 평가가 더 옳다. 사실 어쩌면 이 세상에서 내가 나를 제일 잘 모를 수도 있겠다.

유행이 되어 버린 여행
다른 사람을 따라하고 싶은 유혹

누군가 묻는다. "여행을 꼭 가야 하나요? 몇 번 시도해 봤는데, 저랑은 잘 안 맞는 것 같아요. 좋은 줄도 모르겠고⋯."

아마도 이런 자신만의 생각을 존중해 주지 않는 시선들, 나아가 주체성이 부족하고 견문 좁은 사람으로 보이는 것에 대한 토로인 듯했다. 본래 '여행'은 인류의 지경 확장, 그리고 인간의 사고 확장을 위해서 시작되었다. 물론 그 본질적 의미는 변함없지만, '견문'의 확장은 꼭 여행만이 아니라 독서나 여러 사람들과의 깊은 대화를 통해서도 넓어질 수 있다. 오히려 여권에 수많은 도장이 찍힌 사람이라도, 문화 우월주의에 빠져 있거나 단지 유흥만을 위해서 떠난 것이라면 여행에서 어떤 유익도 얻지 못한다. 쉼으로써의 여행도 무의미하지는 않지만, 그런 연유로 여행을 떠나는 사람들 중에는 누군가를 따라하거나 과시하기 위해서인 경우가 종종 있다.

예전에는 젊은이의 견문 확장을 위해 수많은 멘토가 여행을 추천하였지만, 이제는 굳이 조언을 들을 필요가 없는 시대가 되었다. 예전에는 취미를 적는 란에 '독서', '운동'을 적었다면, 이제는 '여행'을 적는다. 그리고 어느덧 '여행의 경험과 이를 기록한 수기'가 하나의 스펙으로까지 자리 잡았다.

그러다 보니 여행이 일종의 유행이 되고 말았다. 그게 대세이다 보니 그것을 따르는 것이다. 너도나도 인증샷을 올리니 불안한 마음에 따라가는 것이다. 그게 가장 안전하고 편하다는 인식에 따라 그렇게 행동하는 것이다. 그렇게 우리는 '내'가 아닌 '주변'의 이야기로 채우는 삶에 익숙하다. 개개인의 성향과 환경과 맥락이 다른데, 그것보다는 내가 당신들과 같다는 것을 인증하기 위해 내 이야기는 저 깊숙한 곳에 감추고 남의 이야기만을 끌어온다.

대중 속에 묻히려고 하는 그 욕구는 알겠다마는, 그 유혹에 앞에 과연 '나'는 누구인지 진지하게 돌아볼 기회마저 박탈당하는 것은 아닌지 모르겠다. 그렇게 '나'는, 그리고 '자존감'은 소실된다. 모든 것을 다 따라하고, 모든 영역에 다 묻힐 수는 없지 않은가? 이처럼 집단에 묻어가려는 유혹은 너무도 강력하다.

정의로운 말을 많이 한다고, 정의로운 사람들과 어울린다고 꼭 내가 정의로운 사람이 되는 것은 아니다. 신앙적인 표현을 많이 한다고, 그리스도인들과 어울린다고 꼭 내가 신앙적인 사람이 되는 것은 아니다. 나는 누구인가? 진지한 성찰이 필요하다.

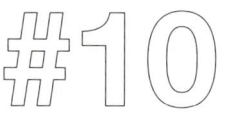

높은 곳에 올라야 멀리 본다
쉽게 판단하려는 선입견의 유혹

착하디착한 아내가 나를 크게 비웃었던 사건이 있다. 함께 걷다가 마주친 한 노점에서 '산낙지'를 파는 것을 보고, 내가 이렇게 얘기했었다. "난 대학교 1학년 때까지 '산낙지'가 '산에 사는 낙지'인 줄 알았어!" 그 말에 아내가 배꼽을 잡고 웃었다. 부모님이 모두 내륙 분이셨고, 가난한 어린 시절로 인해 그런 특식을 먹을 일이 없었기에 단순하게 그렇게 해석했던 것이다.

물론 아직 솜털도 자라지 않은 애송이 시절에 배움이 적어 일어나는 착각들은 자연스러운 것이고 귀엽기까지 하다. 그러나 성년이 된 이후에도 단순하게 해석하고 판단하려는 경향성은 좀처럼 나아지지 않는다. 오히려 이제는 알 만큼 다 안다는 자신감이 사람을 더 뻔뻔하고 단순하게 만든다. 그렇게 자리 잡게 된 나만의 시각은 선입견이 되고, 심지어 그 허상이 실재를 압도할 때도 종종 있다.

무식하면 용감하기에 단순하게만 바라본다. 게으름과 무지의 소산이다. 게으른 사람은 복잡함을 귀찮아하기에 어서 빨리 단순한 결론을 내리고자 한다. 그러나 복잡함을 간결하게 함축하는 것과, 단순함을 내세우는 것은 전혀 다르다. 그래도 되는 것들도 있겠지만, 최소한 인간에 대해서, 신앙에 대해서는 그렇게 봐서는 안 된다.

'단순함'을 추구하려는 경향을 흔히 인류의 '생존본능'에서 찾곤 한다. 생존을 위해서는 정보의 빠른 범주화와 판단이 필수적이기 때문이다. 그런데 이 말은 반대로 해석할 여지도 있어 보인다. 고도의 정신문명을 누리는 현대 사회에서도 여전히 '단순함'을 찾는 사람이라면, 여전히 원시인처럼 살아가고 있다는 반증이리라. 참 슬픈 일이다.

단순한 시각은 에너지를 쓸데없이 빼앗기지 않게 만드는 장점이 있다. 다만 4D를 2D로 보게 강요하기에, 우리 삶을 밋밋한 관계 속에 살아가는 밋밋한 인생으로 만들어 버린다. 사람은, 그리고 신앙은 분명 입체적이다. 계곡 안에 매몰되어 있으면 고작 내 눈앞에 흐르는 물과 나무 몇 그루밖에 보지 못한다. 불편함을 감수하고 산 능선에 오르는 자가 멀리 볼 수 있다. 그리고 어디로 가야 할지 알 수 있다.

나에게 잘해야 한다
기대한 만큼 보상받고 싶은 유혹

서울에서 대전까지 이어지는 중부고속도로는 그 생김새가 독특한 만큼 많은 이에게 혼란을 안긴다. 중부고속도로는 제1중부와 제2중부로 나뉘어 있는데, 둘 중 한 도로를 선택하면 대전까지(혹은 서울까지) 갈아탈 수 없는 구조다. 그런데 중간중간 상대편 도로의 흐름을 눈으로 확인할 수 있는 지점이 있다. 만약 내가 선택한 이 길은 막히는데 저쪽은 쌩쌩 달린다면 그렇게 화가 날 수가 없다. 그래서 특히 막힐 때는 신중에 신중을 기하며 선택한다.

"내가 너를 어떻게 키웠는데…." 막장 드라마에서만이 아니라 현실에서도 들을 수 있는 대사다. 꼭 입 밖으로 내뱉지 않는다 하더라도, 부모 된 이들은 자녀들을 향해 마음속으로 이 대사를 얼마나 많이 쏟아냈는지 모른다. 또한 "내가 너에게 얼마나 잘해 줬는데"라는 말 역시 주변 사람들에게 얼마나 많이 쏟아냈는지 모른다. 때로는 말로, 때로는 행동으로, 그것도 아니라면 마음속으로라도.

그 모든 섭섭함과 실망은 과도한 '기대투영'이나 '보상심리'로부터 기인한다. 그런데 이러한 '기대감'은 개인적인 선택이나 관계에서만 그치지 않고, 불특정 다수를 향하기도 한다. 글을 쓰는 작가도, 이를 모아 편집하여 책이라는 상품으로 만들어 내는 출판사도 어느 정도 기대를 가지고 책을 출간한다. 그러나 자신들이 볼 때는 아무리 좋은 책이라 해도 대중이 외면할 수 있다. 반대로 대중의 지성세계와 영성을 무너뜨리는 안 좋은 책이 잘 팔릴 수도 있다. 그럴 때는 크게 실망하게 된다.

비슷한 경우는 또 있다. 본질적 사역을 추구하는 사역자들은, 이렇게 헌신했는데도 자신의 진가를 알아주지 않는 불특정 다수의 성도들에게 원망스러운 마음을 갖곤 한다. 제자도를 실현하는 그리스도인들 역시, 자신의 진가를 알아주지 않는 비그리스도인들이나 하나님이 미워진다. 자신이 그 길을 걷기로 선택했음에도 결국 그 '기대감'으로 인해 상처를 받는 것이다. 거기에 '비교 대상'마저 있다면 폭발하고 만다.

우리는 너무나 쉽게 자기가 선택한 길에 기대를 투영한다. 그러다 만약 좋지 않은 결과를 얻게 되면 불현듯 내가 가져

가야 했을 좋은 결과를 다른 사람이 가져가 버렸다고 생각한다. 세상의 재화는 한정되어 있기에, 먹고 먹히는 제로섬 게임으로 바라보는 게 인간의 숙명인 것 같다. 그러니 세상과 인간을 향한 헛된 기대는 진즉에 내려놓자. 우리의 기대를 만족시킬 대상은 이 세상에 그 누구도 없다. 심지어 자기 자신도 그건 못 한다. 그래서 '하나님 나라'를 불러와 본다. 그 나라는 '제로섬 게임'이라는 용어가 무의미한, 마르지 않는 샘과 같은 나라다. 전능하신 하나님의 나라는 그런 곳이다.

적당히 살아 보자
자신의 기준을 만족시키려는 완벽주의의 유혹

내게는 학창시절 사진이 별로 남아 있지 않다. 우선 우리 집에는 카메라가 없었다. 있더라도 필름 값이 부담스러운 어린 시절이었다. 물론 시간이 흘러 여유가 조금 생기긴 했지만, 우리 집은 어디를 잘 다니지 않았다. 또한 내 문제도 있었다. 사춘기 이후에 나는 사진 찍히는 것을 극도로 기피했다. 내가 너무도 못나 보였기 때문이다.

그리 잘난 외모는 아니지만, 그렇다고 부모 혹은 하나님의 실수로 여길 만큼의 망작도 아니다. 그럼에도 나는 내 꼴을 좋아하지 않았다. 완벽한 외모의 소유자들과 비교하며 나 자신을 폄하했던 지점도 있었지만, 내면의 '완벽주의'의 문제가 더 컸다. 누구에게나 부족하고 못난 부분은 있기 마련이지만, 나는 그런 부족함과 못남을 견딜 수가 없었다. 그리고 늘 괜찮은 부분보다는, 부족하고 못난 부분이 더 크게 보였다. 단지 '외모'에 대한 얘기가 아니다. 외모 콤플렉스는 이미 극복했다. 그러나 여전히 약간의 실수만 해도 전체를 망친 것 같은 기분에 젖을 때가 많다. 잘한 것보다는 잘 못한 것을 가지고 하루 종일 우울해한다.

'완벽주의'의 악순환을 아는가? 완벽한 기준을 들이대기에 못마땅한 게 많고, 자주 화가 난다. 그러나 화를 내는 것은 완벽함에 미달되기에 참는다. 참기 때문에 스트레스가 누적되고 속이 병들어 버린다. 이것 역시 완벽하지 못한 모습이기에 자신은 상처나 스트레스를 받지 않는다고 생각한다. 그러나 어느새 피부발진이나 위장장애 등으로 스트레스의 결과물이 드러난다. 그럼 온전하지 못한 자신의 컨디션에 또 힘들어한다. '완벽주의자'는 결국 빨리 죽을 수밖에 없는 운명인가 보다.

완벽주의자는 타인의 눈에 비친 자신의 완벽함도 물론 신경 쓰지만, 자기 마음속에 있는 기준을 더 우선시한다. 그것을 만족시키지 못하면 늘 불안하다. 그런데 생각해 보자. 그 내적 기준에 완벽히 들어맞은 적이 얼마나 있는가? 그 내면의 심판관이 내어놓는 주문에 부합한 적이 얼마나 되는가?

빨리 죽기 싫다면 조금은 '적당히' 살아 보자. 한 개인의 인생과 인격은 자신의 노력으로 완벽해질 수 없다. 무엇보다 우리는 '은혜'로 살아가는 그리스도인이 아닌가? 당신의 완벽주의는 하나님의 은혜와 일하실 자리를 앗아간다. 하나님의 은혜를 수용하는 당신, 타인의 개입을 수용하는 당신이야말로 그렇게 그리던 완벽에 다다를 수 있다는 사실을 기억하자.

어쩔 수 없었다
자꾸만 핑계를 대려는 게으름의 유혹

매주 교회에서 반복적으로 듣는 이름이 있다. 그 이름도 유명한 '본디오 빌라도'가 바로 그 주인공이다. 그는 지치지도 않는지, 매주 예수님을 십자가에 못 박는다. 더욱이 모태신앙이라면, 어려서부터 반복적으로 듣는 그 이름이 어느새 세상에서 가장 악한 사람으로 여겨진다. 그러나 사도신경에 그의 이름이 나오는 것은 예수 십자가형의 역사적 증거로 등장하는 것이지, 그가 희대의 악인이기 때문은 아니다. 성경은 그의 악행과 관련된 어떤 것도 기록하지 않는다. 오히려 복음서 후반부의 예수 수난기만 보면, 빌라도는 약간 억울한 인물로 느껴지기까지 한다.

그러나 빌라도에게 죄가 없는 것은 아니다. 그는 로마총독으로서 그 땅의 어떤 인생보다 자유로운 결정을 할 수 있는 사람이었으나, 자신에게는 책임이 없다는 의미로 손을 씻고 예수의 사형을 언도한다. 즉 "나는 어쩔 수 없었다"는 것이다. 친숙한 표현 아닌가? 우리도 자주 그런 말을 내뱉는다. 그러나 결국 선택은 자신이 하는 것이다. 또한 "어쩔 수 없었다"라는 말의 이면에는 '그렇게까지 손해 보거나 희생하기는 싫다'는 의미가 숨겨져 있을 때가 많다. 선택에 대한 책임은 회피하면서도, 그래도 좀 괜찮은 사람으로 남고 싶을 때 던지는 말이 바로 "어쩔 수 없었다"인 것이다.

따라서 빌라도에게는 표면적으로 예수님을 사형에 언도한 죄를 물을 수 있을 뿐 아니라, 자신의 통치기반을 확충하기 위해 이스라엘 권력자들의 요청을 들어주어 예수를 희생시킨 '탐욕의 죄'도 물을 수 있고, 또한 충분한 권한과 자유를 가졌음에도 불구하고 의로운 자를 죽음으로 내몬 '불의한 죄'도 물을 수 있다. 그러나 나는 뜬금없지만 '게으름의 죄'를 고발하고자 한다.

게으름의 정체는 '아무것도 안 함'이나 '느림'이 아니다. 게으름은 '삶의 방향성'의 유무로 결정되는 것이지 행동의 유무가 우선되지 않는다. 삶의 방향성만 있다면 때로 아무것도 안 할 수도 있고 느리게 움직일 수도 있지만, 적어도 회피하지는 않는다. 정리하자면 '선택을 회피한 선택', 즉 '회피적 태도가 만성화된 것'이 바로 게으름인 것이다.

때문에 아이러니하지만 성실해도 게으를 수 있는 것이다.

즉 '성실함'과 '게으름'은 꼭 대비되지 않는다. 중요하지 않은 일에만 매달리고, 자기가 꼭 해야 하는 선택은 회피하는 이들이 있다. 이것이 진정한 게으름이다. 사실 '육체적 게으름'은 자신에게만 영향을 미치고, 방향성만 주어지면 언제라도 성실함으로 전환될 수 있는 귀여운 게으름이지만, '내면의 게으름'은 자신이 가진 권력과 위치에 따라 자신뿐 아니라 수많은 이들에게도 피해를 줄 수 있다. 빌라도의 게으름이 딱 그러하다.

혹시 '하나님의 게으름'에 대해 생각해 본 적은 없는가? 그분은 왜 시시각각 개입하지 않으실까? 왜 빨리 도래하지 않으실까? 그러나 하나님은 끝내 십자가를 회피하지 않으시고 예수님의 선택을 바라보셨다. 빌라도는 회피했으나 그분은 회피하지 않으셨다. 성경을 보면 그분이 우리의 삶에 얼마나 숱하게 개입하셨는지 쉽게 발견할 수 있다. 하나님은 '게으름'이라는 말과 어울리는 분이 아니라, 오히려 '열심'이라는 말과 더 어울리는 분이다.

〈스타워즈〉에 나오는 명대사가 있다. "하거나 하지 않는 것만 존재할 뿐, 하려고 한다는 것은 있을 수 없다." 즉 "어쩔 수 없었다"라는 말은 '나'로부터가 아니라 '타인'으로부터 나올 때 그 진정성이 보장된다. 즉 자신이 하는 게 아니라 누군가 해주는 말이다. 어쩔 수 없다는 변명으로 일관하는 인생은 정말 어쩔 수 없다. 이제는 하나님의 열심을 따를 때가 되지 않았는가?

Part 2.

감정

자꾸 네가 떠올라
계속해서 미워하고 싶은 유혹

정말 미운 사람이 한 명 있었다. 싫은 게 아니라 미웠다. 그때 처음 내가 누군가를 그리도 미워할 수 있다는 것을 알게 되었다. '싫은 것'과 '미운 것'의 차이를 누가 가르쳐 주지 않았는데도 스스로 깨달을 수 있었다.

싫은 사람과 같은 자리에 있으면 참 불편하지만, 일단 그 자리만 벗어나면 싫은 감정에서도 벗어날 수 있다. 눈에 보이지 않으면 끝이다. 그런데 미운 사람이 생겨 보니 이건 완전 달랐다. 절대 마주치지 않기를 간절히 원한다. 그가 지나다닐 만한 동선과 시간을 파악하여 일부러 피해 다닌다. 이렇게까지 열심을 내어 피하는 이유는 미운 사람을 마주하면 하루 종일 기분이 엉망이 되기 때문이다. 그렇게 그의 잔상이 계속해서 머릿속에 남는다. 그리고 당장이라도 달려가서

한 대 때리고 싶은 생각이 잠자리에 들 때까지 맴돈다.

도대체 왜 그리 미웠을까? 뒤에서 나에 대해 험담하고, 없는 얘기를 만들어 내고, 파당 짓기에 능숙했기 때문이다. 어떻게든 그를 감싸고 배려하고 함께 가려 했던 나의 노력들, 그 감정과 에너지와 시간들이 너무 아까웠다. 바뀔 수 없는 사람, 심지어 나를 음해하는 사람과 함께 가기 위해 너무도 많은 것들을 비워내고 손해보았다. 그 배신감과 허탈감 때문에 미움이 생겼던 것 같다.

그렇게 그가 미웠지만, 아이러니하게도 그 사람과 마주하게 되면 하루 종일 그를 묵상했다. 내 상상의 결과물로 도출된 그의 존재는 '사람'이 아니라 뿔 달린 '마귀' 그 자체였다. 물론 그는 그 정도는 아니다. 그리고 그런 인간이란 없다. 참으로 웃기다. 그토록 미운데, 하루 종일 그를 묵상하는 이 역설이란….

그러나 안타깝게도 나 혼자 날뛰는 그 미움은 '그'를 바꾸어 놓지 못한다. 도리어 미움의 반복은 '나'를 바꾸어 놓는다. 내 감정을, 내 생각을, 내 시간을 부정적으로 바꾸어 놓는다. 당신 자신 외에는 그 누구도 당신을 부정의 구렁텅이로 밀어 넣을 수 없다. 싫어하는 감정의 반복과 누적이 '미움'으로 귀결되기 전에, 어서 그만 묵상을 그만두라. 다만 죄의 노예였던 우리를 자녀 삼기 위해 스스로 희생하신 주님을 묵상하라.

'분노조절잘해'가 문제
만만한 사람 앞에서만 화를 내려는 유혹

최근에 내가 나를 잘 몰랐다는 것을 인정하게 된 계기가 있다. 이전까지의 나는 스스로 화가 없는 사람이라고 생각했다. 살아오며 누군가에게 화를 내본 적이 거의 없었기 때문이다. 그런데 애니어그램이라는 심리유형도구를 통해 확인해 보니, 나는 화가 없는 게 아니라 누구보다도 화가 많은 사람이었다.

나는 늘 올바른 기준을 추구하는 성향이다. 기준이 확실한 만큼 올바르지 못한 것들이 많이 보이고, 그로 인해 많은 부분에서 분노를 느낀다. 재미있는 것은 '화를 내는 것'이 올바른 인격의 모습이 아니라는 판단 때문에 화를 표출하지 않는다는 것이다. 그러나 사실 나는 늘 화가 나 있다. 자신에 대해, 타인에 대해, 그리고 세상에 대해…. 그렇다. 고상한 용어가 그의 고상함을 보장하지 않는 것처럼, 신앙적 용어가 그의 신앙을 보장하지 않는 것처럼, 화를 내지 않는다고 화가 없는 것은 아니었다.

인간이라면 누구나 각자의 분노를 갖고 있다. 그래서 문제는 보통 분노하는 것 자체가 아니라, 분노를 풀어내는 '방식'과 '대상'인 경우가 많다. 나아가 진짜 문제는 아이러니하게도 우리가 생각보다 '분노조절'을 너무나 잘한다는 데 있다.

너무나 쉽게, 그리고 자주 화내는 것을 가리켜 '분노조절장애'라고 말하곤 한다. 하지만 진짜 '장애'라 불릴 정도의 정신적 질환이 있는 사람은 총칼 앞에서도 조절을 하지 못한다. 사실 평범한 우리는 대부분 '분노조절잘해'가 맞다. 사람들은 자기보다 훨씬 강한 사람이나 이익을 주는 사람 앞에서는 기가 막히게 잘 참는다. 화를 낸다는 것은 상대방이 그래도 될 만한 사람이라고 판단하기 때문이다. 하지만 사람을 가려서 분노하는 것은 장애가 아니라, 인격이 안 좋은 것이다. 지금껏 주변 사람들이 잘 참아 줘서 그리 살 수 있었던 것뿐이다.

우리의 화는 대부분 그 이전의 맥락들을 동반한다. 항상 그 이전에 쌓여 있던 것이 특정 타이밍에 다 쏟아져 나온다. 그리고 많은 경우, 그래도 될 만한 사람한테만 몰아서 뱉어낸다. '갑질'이라는 것은 어디 멀리 있는 것이 아니다. '분노조절'을 기가 막히게 잘해서 선택적으로 뿜어내는 것이 갑질의 시작이다. 그래서 대단한 위치에 있지 않아도 우리는 모두 이미 갑질을 매우 잘하고 있다. 분노가 문제가 아니라, 분노의 대상을 가리는 게 문제다.

분노하려면 모두에게 공평하게 하고, 아니면 공평하게 다 참아 보자. 그리고 내 성격을 참아 준 사람들에게 감사를 표하고, 때로는 용서를 구해 보자. 그리고 다시는 그들을 쉽게 보지 말자. 사랑만 받기에도 부족한 인생들이다.

네가 나보다 잘나서는 안 되지
남과 비교하는 시기심의 유혹

꽉 막힌 고속도로에서 나만 버스전용차로에 올라타 휙휙 빠르게 달릴 때, 그 순간만큼은 저기 멈춰 있는 외제차가 하나도 부럽지 않다. 왜 그럴까? 또한 자신은 빨리 가기 위해 차선을 이리저리 자주 옮겨 다니면서, 막상 다른 차선의 차가 내 차 앞으로 끼어드는 것은 못 참는다. 왜 그럴까?

그러한 마음 바탕에는 '시기심'이 있다. 의외인가? 하지만 생각보다 시기는 편만하고, 우리는 늘 그 시기심의 유혹 가운데 머물러 있다.

'설교 잘한다'는 칭찬을 들을 때만큼 나도 모르게 미소 지어지는 때도 없는 것 같다. 반면 다른 목사의 설교를 칭찬하는 말을 들을 때면, 가끔 나도 모르게 불편한 감정이 일어나곤 한다. 설교 잘하기로 유명한 목사님에 대한 칭찬을 들을 때는 별로 영향을 받지 않는다. 하지만 나와 같은 교회의 사역자들이나 나와 비슷한 연배의 목사에 대한 칭찬을 들으면 더욱 그런 감정에 휩싸인다.

그렇다. 우리는 삼성의 이재용 회장과 자신을 비교하지 않는다. 반면 나와 가까운, 혹은 비슷한 조건의 사람들과는 끊임없이 비교한다. 그들이 딱히 나에게 잘못한 것도 없는데도 그들을 시기한다. 게다가 나보다 좀 못하다고 생각한 이들이 잘나가는 모습을 보면 견디지를 못한다. "사촌이 땅을 사면 배가 아프다"라는 속담은 아마 그런 우리네 시기심을 잘 반영하는 말인 것 같다. 사촌은 나와 비슷한 조건의 사람이니.

특히 우리 시대는 이 시기심의 유혹에 더 취약하다. 과거 신분제 사회에서는 각 신분에 따른 삶의 기대치가 선명했다. 하지만 이 시대는 실제적으로는 굉장히 차이가 나는 조건을 가지고 태어났음에도, 만민이 평등하다는 인식 때문에 오히려 더욱 상대적 박탈감을 느낀다.

알렉시스 드 토크빌은 「미국의 민주주의」(한길사)라는 책에서 이러한 딜레마에 대해 다음과 같이 설명한다.

> 한 민족의 사회적인 상황과 헌법이 아무리 민주적이라 할지라도, 모든 시민은 주변에서 항상 자신보다 우월한 사람

을 발견하게 된다. 그러면 사람들은 곧장 이 측면만을 주의 깊게 바라보게 된다. 모든 것이 균등하다고 생각했는데 약간이라도 차이가 발견되면 병적인 효과를 가져오는 것이다. 이 때문에 평등하면 할수록, 평등에 대한 욕구는 더욱 채워지기 어려워진다.

같은 분야, 같은 집단의 비슷한 조건의 사람들 중 누군가가 갑자기 돋보이게 되면 대부분의 사람들은 부러움을 느낀다. 하지만 그 감정에서 빨리 탈출하지 못하면 부러움은 시기심으로 고착화되고, 그때부터는 자신과 그 대상을 파괴하는 수순으로 가게 된다. 가장 지성적인 집단으로 여겨지는 교수 사회나 심지어 성직자 사회도 시기심으로부터 자유롭지는 않다.

내가 받아야 할 좋은 것이 저 사람에게 가 버렸다는 생각은 분명 오해다. 그러한 생각은 실체도 없고, 논리도 감동도 없다. 저 사람이 좋은 평가를 받았다고 해서 내가 안 좋은 평가를 받는 것이 아니다. 또한 저 사람이 좋은 것을 얻었다고 해서 내가 좋은 것을 못 얻는 것도 아니다. 또한 다른 사람을 칭찬한 사람이, 그와 나를 비교할 요량으로 얘기한 것도 아니다. 그 정도의 심력을 기울일 정도로 그는 나에게 관심이 없다. 엄청난 착각들이다.

시기심은 인생의 목적이 없는 사람에게 더 잘 확산된다. 목적이 없으니 늘 모든 일을 상대평가한다. 타인의 성과를 기준으로 삼아 자신의 좋고 나쁨을 판단한다. 얼마나 구차하고 슬픈 일인가? 그도 나도 하나님의 형상이며, 똑같이 온전한 '작품'으로 창조되었음을 기억하자.

#17

왜 너는 되고, 나는 안 되지?
나만 주목받으려는 질투의 유혹

우리 집에는 애가 셋 있다. 아들, 딸, 그리고 나. 이렇게 셋이 한 여인을 쟁탈하고자 무던히 노력한다. 물론 아내는 내가 우선이라고 한다. 난 이런 남자다. 그런데 정신을 차리고 보면 딸과 아들에게 이미 주도권은 넘어가 있다. 그런데 이 둘도 서로 엄마를 차지하기 위한 암투가 난리도 아니다. 이건 엄마를 두고 남매끼리 느끼는 질투다. 가끔 '왜 나를 쟁탈하기 위해서는 싸우지 않을까?'라는 생각이 들곤 하지만 더 이상 말하지 않겠다. 이건 '시기'다.

이렇게 서로의 비교를 통해 느끼는 감정을 '시기'라고 한다면, 한 대상을 두고 서로 싸우는 구도는 '질투'라고 한다. 비슷한 느낌의 감정이지만 둘은 엄연히 다르다. 그런데 난 질투도 느끼고 시기도 느낀다. 최악이다.

'질투'에 대해 조금 더 얘기해 보자. 성 아우구스티누스는 불후의 명저 「고백록」에서 질투하는 아기를 관찰한 후 다음과 같이 기록했다.

> 아직 말도 못하는 아기가 질투와 괴로움에 창백해진 얼굴로 엄마 젖을 나누어 먹는 형을 노려보았다. 이 같은 경험적 사실을 눈치채지 못할 사람이 누가 있을까?

이처럼 질투는 어릴 때부터 확인되는 원초적인 인간 본연의 감정이다. 우리는 보통 질투를 성인남녀의 애절한 사랑 이야기로만 국한시키지만, 사실 질투는 남녀 사이의 삼각관계나, 엄마를 두고 쟁탈전을 버리는 아이들의 유치한 감정 정도로만 치부되기에는 너무도 일반화된 은밀한 유혹의 감정이다.

당신은 타락한 인간의 처음 범죄를 그린 가인과 아벨 이야기를 어떻게 보는가? 이는 명명백백한 '질투' 이야기다. 하나님이 아벨만 편애하신다는 착각에서 비롯된 '질투'의 이야기다. 하나님은 가인의 질투가 악으로 표출될 것을 아시고 미리 타이르신다. "네가 올바른 일을 하였다면, 어찌하여 얼굴빛이 달라지느냐? 네가 올바르지 못한 일을 하였으니, 죄가 너의 문에 도사리고 앉아서, 너를 지배하려고 한다. 너는 그 죄를 잘 다스려야 한다"(창 4:7, 새번역).

그러나 가인은 질투가 분노로 변해 아무것도 보이지 않는

단계에 이르렀고, 그 분노에 휩싸여 결국 자신의 동생을 죽이고 말았다. 인류 최초의 살해는 그렇게 질투로 말미암아 이루어졌다. 그런데 중요한 것은 가인의 제사를 받지 않으셨던 하나님께서 끊임없이 그에게 나타나시고 그와 '소통' 하셨다는 점이다. 심지어 하나님은 가인이 살인을 저지른 후에도 그의 앞에 나타나셨고 그를 부르셨다. 기회를 주시기 위함이었다.

하지만 안타깝게도 그것은 더 이상 가인에게 아무런 의미가 없었다. 재미있지 않은가? 질투의 조건이었던 하나님께서 가인을 끊임없이 부르고 말씀하시는데, 정작 가인은 자신이 그토록 쟁취하고자 했던 하나님의 관심에 크게 의미를 두지 않다니 말이다.

우리는 누군가의 성공적인 간증을 들을 때에도 종종 그러한 질투심을 느낀다. 물론 전혀 다른 조건과 환경에서 비롯된 간증이라면 함께 기뻐하지만, 나와 조건마저 비슷한데 그에게만 결과가 있고 나에게는 없으면 질투를 느낀다. 반응 없으신 하나님에 대한 실망이기도 하지만, 비교 대상에 대한 질투심 때문에 부정적인 감정이 배가되는 것이다.

그러나 모든 사람은 각기 다른 존재다. 따라서 하나님의 일하시는 방식도 모두 다를 수밖에 없다. 어떤 사람에게 해주신 것을 반드시 나에게도 동일하게 해주실 것을 기대하면서, 자기 뜻대로 되지 않을 때마다 부정적인 감정에 휩싸이는 것은 어리석은 일이다. 누군가의 간증을 듣고 질투심이 생겨 하나님께 영광을 돌릴 수 없다면, 차라리 그만 보고 그만 들으라. 다시 하나님의 말씀으로 돌아가라. 그리고 그 사람의 삶과 그 사람의 결과가 아니라, 내 삶 가운데서 하나님이 나를 만나 주셨던 경험들을 복기하라.

Part 3.

일상

결혼식을 준비하지 마라
본질보다 형식에 치중하려는 유혹

개척과 관련하여 의견을 묻고자 찾아오는 분들이 있다. 때로는 준비된 질문에 따라, 때로는 그저 의식의 흐름에 따라 대화가 진행된다. 그런데 누구나 마지막에 꼭 하는 질문이 있다. "제게 뭔가 꼭 해주고 싶은 말 없으세요?" 그런 요청을 받을 때마다 조금 남사스럽기는 하지만 그 간절함 앞에 입을 열어 들려주는 공통적인 비유가 있다.

개인적으로 존경하는 어떤 목사님께서 들려주신 이야기인데, 결혼을 앞둔 예비부부 중 대부분이 '결혼'이 아닌 '결혼식'을 준비하더라는 것이다. 대중들 앞에서, 그리고 하나님 앞에서 언약이 이루어지는 결혼식의 중요도를 폄하해서는 안 되겠지만, 그래도 무엇보다 중요한 것은 결혼생활 자체가 아니겠는가! '결혼식'은 순간이지만, '결혼생활'은 평생의 일이다.

마찬가지로 개척을 준비함에 있어 중요한 것은 '교회는 무엇인가, 어떤 일을 하는 곳인가, 한 사람을 어떻게 신앙적으로 성숙시킬 것인가, 공동체는 어떻게 형성되는가'라는 고민을 바탕으로 한 '교회 됨'에 대한 준비여야 하지, '개척식'의 준비여서는 안 된다. 이 정도 얘기하면, 뭔가 다들 예수님을 만난 얼굴이다. 그런데 말은 이리 청산유수지만, 나 역시 늘 고민되는 문제다.

자기계발서의 바이블 격인 「성공하는 사람들의 7가지 습관」(김영사)이라는 책에서는 다음과 같은 습관을 소개한다. '소중한 것을 먼저 하라!' 모두 한 번쯤은 들어보았을 것이다. 시간을 네 가지 영역으로 나눈다면, '급하고 중요한 일, 급하지만 안 중요한 일, 급하지 않으나 중요한 일, 급하지도 않고 중요하지도 않은 일'로 구분할 수 있다고 한다. 이 네 가지 중에 무엇이 가장 우선이 되어야 할까? 결론부터 말하자면, 사람은 늘 급한 것을 중점으로 여기는 경향이 있는데, 그보다는 '중요한 것'을 먼저 하라는 것이다. 그리고 당장 급하지는 않지만 중요한 것을 우선순위로 삼는 자가 결국 성공한다는 것이다. 체력 관리, 어학 공부, 독서, 관계 형성, 멘탈 관리 등…. 당신은 어떠한가?

유치원생도 알 만한 뻔한 말을 뭐 이리 길게 하는지 의아해할 수도 있다. 그리고 성공하는 사람들처럼은 아니더라도,

최소한 자신은 급하고 중요한 것들 먼저 처리하고 있다고 생각하고 있을 것이다. 그런데 혹시 이 책을 읽는 순간에도 끊임없이 울리는 메시지에 반응하고, 한 꼭지를 읽고 난 뒤 습관처럼 SNS를 열어 보고 있지는 않은가? 안타깝게도 우리는 중요하지 않은데 급한 것을 처리하는 데 급급하고, 시간이 남으면 중요하지도 않고 급하지도 않은 것을 한다. 실제로는 내 영혼과 삶에 그리 중요하지 않음에도 불구하고, 나의 욕망이 중요하게 여기는 것이나 세상이 나에게 중요하다고 말하는 것을 취하고 있을 가능성이 많다.

인간은 정말 중요한 게 뭔지 찾기보다는, 뭔가 하나를 찍어 놓고 '이건 중요한 거야'라고 애써 자기를 설득하거나 합리화하는 경우가 많다. 최초의 인간이 선악과를 먹어 버린 순간부터, 우리는 정작 '중요한 것'이 무엇인지를 분간하기 어려운 상태가 되어 버렸다.

조그마한 기계 따위의 힘
우리 삶을 갉아 먹는 스마트폰의 유혹

언젠가 평일 점심에 아내와 함께 패밀리 레스토랑에 갔다가, 회사 출입증을 목에 걸고 있는 단체손님의 모습을 보게 되었다. 아마도 팀별 회식인 것 같았다. 요즘은 이와 같은 점심 회식이 보편화되었다고 한다. 퇴근 후 시간까지 회사가 간섭하던 강압적 회식문화가 근절되고 '저녁이 있는 삶'을 돌려준다는 의미에서 참 긍정적으로 보였다.

하지만 정말 '저녁이 있는 삶'은 이루어졌을까? 기념일 때문에 온 우리 부부와 출입증을 목에 건 그들 사이에는 아무런 공통점이 없어 보였지만, 신기하게도 어떤 행동만큼은 똑같이 하고 있었다. 음식이 나오기까지 다들 스마트폰을 만지작거렸던 것이다. 그런데 사실 이것은 모든 현대 도시인들의 공통점이 아닐까?

'저녁이 있는 삶'이라는 것은 단지 저녁밥을 먹는 것을 말하는 것이 아니다. 일차적으로는 개인의 여가시간을 누리는 것을 뜻하고, 넓게는 가족과 함께 시간을 보내는 것을 뜻하는 것이다. 그런 의미에서 본다면, 우리는 '저녁이 있는 삶'이 아니라 '스마트폰이 있는 삶'이 되어 버린 것 같다.

어렸을 때는 하지 말라는 게 참 많았다. 게임, 만화책, 도박, TV, 야한비디오 등…. 하지만 이제는 다 유명무실해졌다. 스마트폰 하나로 모든 게 가능해졌기 때문이다. 엄청난 콘텐츠가 하나의 하드웨어 안에 귀결된 편의성, 한 손 안에 잡히는 이동성, 숨기기 쉬운 은닉성, 집이든 회사든 버스 안이든 끊김 없이 지속되는 연속성마저 지니고 있다. 인간의 오감을 만족시킬 수 있는 소소한 행복들이 하나의 기계 안에서 다 구현가능하다.

그래서 문제다. 단지 유해 콘텐츠를 다루기 때문만이 아니다. 기본적으로 스마트폰은 전화기에서부터 발전된 소통을 위한 도구다. 이처럼 우리 삶에 꼭 필요한 물건이기에 좀처럼 문제를 명확히 인식하기가 어렵다. 설령 중독되었음을 인식했다 하더라도 다른 중독의 도구들처럼 잘라내기가 어렵다. 아이러니하게도 소통을 위한 도구로부터 시작된 이 기계가, 소통을 가장 가로막는 도구가 되어 버렸다.

스마트폰이 그 어떤 기계보다 우리네 삶에 큰 영향을 미치고 있음에도, 우리는 그것에 대해 진지하고 깊게 성찰하고 반성할 여유를 갖지 못한다. 이 조그마한 기계 따위야 얼마든지 통제 가능하다고 착각하는 것이다. 자주 먹을 수 없는 랍스터를 끊기는 쉽지만 빵을 끊기는 어렵다. 매일 보고 듣고 만지는 그것이 어찌 보면 가장 위험하다. 그래서 모순된 표현이지만, 누가 봐도 악이면 그건 '정직한 악'이라고 생각한다. 오히려 악인지 아닌지 분간 자체가 어려울 정도로 생활과 밀착된 것이 정말 무서운 악이다. 이 요건에 가장 잘 들어맞는 것이 바로 스마트폰 아닐까?

신앙이 '일상'이라고 생각한다면, 그런 면에서 스마트폰은 신앙생활과 가장 대척점에 있는 이 시대 최고의 유혹이다. 마귀도 21세기 4차혁명 시대의 흐름을 타고 최첨단을 달린다. 가랑비에 옷 젖듯이 경건한 삶을 조금씩 갉아 먹는 스마트폰으로부터 한 걸음 떨어져 보자.

기적은 없다
지금 이대로 안주하고 싶은 유혹

'새로움'은 우리를 설레게 한다. 특히 내가 갖고 싶었던 것이나 하고 싶었던 것을 새롭게 마주할 때 찾아오는 설렘은 정말 기분 좋다. 새로운 여행, 새 신발, 새 핸드폰, 새 차, 새 집…. 하지만 새로운 것이 항상 즐겁기만 한 것은 아니다. 아무리 객관적으로 좋은 분들이라도, 새엄마나 새아빠를 설레면서 맞이하는 사람은 거의 없다. 즉 새로움이 늘 설레기만 한 것은 아니라는 것이다. 그것이 본래 바라던 것일 때, 혹은 통제 가능한 것일 때만 설렘을 느낀다. 그토록 바라던 여행에서 전혀 예상치 못한 불편한 상황을 마주했을 때, 불과 몇 시간 전의 설렘은 사라지고 짜증만 남던 기억들이 있지 않은가.

그런 면에서 우리는 어느새 '설렘'보다는 '짜증'이 앞서는 나이가 되어 버렸다. 인간은 산타의 존재를 믿지 않는 나이가 되면서부터 '설렘'의 양보다 '짜증'의 양이 더 늘기 시작한다. 현실에 대한 바른 인지와 계산이 상식적인 사람의 척도이지만, 아이러니하게도 그 척도만큼 '스트레스'가 발생하는 것이 현실이다. 무지의 눈꺼풀이 벗겨지며, 무언가를 있는 그대로 볼 수 있는 능력과 함께 합리성이 자라나지만, 반대로 그 너머의 신비에 대해서는 잊어버리게 된다.

"나이가 들면 시간이 빨리 간다"는 말을 들어보았는가? 단순한 속설이 아니다. 이를 심리과학적으로 연구 분석한 결과물들도 있다. '새로움'은 '설렘'을 낳고, 이를 통해 각인되는 독특한 기억들이 사람의 시간을 잡아놓는다. 그러나 특별한 기억형성이 없는, 즉 모든 것이 익숙하고 별다를 것 없는 이의 시간은 빠르게 흘러간다. 때문에 어린아이들에 비해 상대적으로 새로울 것 없고 모든 일이 예측 가능한 수준에서 일어나는 노인들의 시간은 너무나 빠르게 흘러간다. 그러나 때로는 나이를 떠나 스스로 그렇게 만드는 사람들도 있다. '이렇게 살다 죽겠지' 생각하며 살아가는 사람에게는 더 이상 '신비'가 없다. 미래의 시간이 죽어 있는 것이다.

우리의 시간이 느렸으면 좋겠다. '시간을 느리게 산다'는 것은 새로움을 기꺼이 받아들이고, 나아가 스스로 새로움을 찾는다는 의미다. 이런 이들은 노인이 되어도 청년의 시간을 산다. 반면 아무리 젊다 하더라도 새로움에 닫혀 있다면 그는 노인의 시간을 살고 있는 것이다.

이는 신앙적으로도 마찬가지다. 새롭게 깨달은 바를 부단히 마주하고 적용하면 늘 신앙적인 새로움에 직면할 수밖에 없다. 물론 그것은 불편한 일이다. 그런 신앙적 새로움은 이미 익숙해진 신앙적 행위나 신앙적 문화와는 다른 선택을 하도록 이끄는 경우가 많기 때문이다. 그러나 이를 외면하는 이에게는 더 이상 기적이 없을 것이다. '예측 가능한 하나님'만큼 모순적인 표현이 있을까? 그런 하나님, 그런 신앙이라면 얼마나 지루하고 고될까? 설교를 들을 때, 말씀을 읽을 때 늘 예측되고 거기서 거기라면 누군가는 잘못된 것이다. 다시 말하지만 우리의 시간이 느렸으면 좋겠다.

카카오톡 묵상
온 신경을 사로잡는 조그마한 채팅창의 유혹

나는 '카카오톡'이 싫다. 유익함이 없는 것은 아니지만, 그럼에도 싫다. 개인적인 성향에 기인하는 것도 있다. 끊임없이 울려대는 소리는 진즉에 꺼놓았지만, 빨간색 배지에 숫자가 올라오면 꼭 확인하고 없애 줘야 직성이 풀리는 성격이라 그런 것 같다.

카카오톡에 주의를 너무 자주 빼앗기는 나를 알기에, 중요한 작업을 할 때면 스마트폰을 뒤집어 놓거나 시선에서 벗어난 곳에 둔다. 컴퓨터에서는 잠시 로그아웃을 해놓는다. 그리고 내가 주도해야 하는 카톡방이 아니라면 꼭 필요한 대답 이외에는 말을 하지 않는다. 너무 많은 울림으로 버틸 수 없을 시에는, 꼭 포함되어야 하는 방이 아니라면 양해를 구하고 탈출한다. '혹시 나를 이기적이라고 생각하지는 않을까?'라는 약간의 불편함만 이겨낼 수 있다면 그게 좋다. 잠깐의 불편함 뒤에 찾아오는 후련함이란…. 그래서 카톡을 창살 없는 감옥이라고 하나 보다.

그런데 내가 그렇게 힘들어하는 것은 그 '양' 때문만은 아니다. 카카오톡은 내 '감정'을 뒤틀 때가 많다. 당신은 하루에 'ㅋㅋㅋ'라는 표현을 얼마나 쓰는가? 실제로는 입꼬리조차 올라가지 않는데 채팅창에 'ㅋㅋㅋ'를 쓰고 있는 나를, 그리고 누군가를 발견할 때면 이상한 기분이 든다.

감정소모도 너무 심하다. 단어 선택에 민감한 편인 나는 무언가를 쓸 때도 조심하지만, 반대로 누군가의 말도 조심스럽게 대한다. 상대가 쓴 단어 하나하나, 문장기호 하나하나 곱씹게 된다. 예를 들면 '…'이라는 말줄임표에도 수없이 많은 의미를 부여한다. 상대는 아무 의미 없이 쓴 것인데도 나는 심각하게 받아들인다. 소심하다고 표현할지 모르겠지만 그렇게 나는 '묵상'을 한다. 말로 주고받는 대화도 자주 곱씹는 편인데, 이것은 글자로 남기 때문에 반복해서 묵상하기 더 수월하다.

꼭 무언가를 써야만 해석이 들어가는 것은 아니다. 아무것도 쓰지 않아도 그 자체가 메시지로 다가온다. 상대방이 아직 읽지 않았다는 신호인 '1'. 그런데 이 '1'이 사라지고도 답이 없다면 또 오만 가지 생각을 하게 된다. 물론 이 역시 나중에 알고 보면 별일 아닌 경우가 태반이다. 나만 손해다.

그 시간 동안 마음의 평안을 빼앗긴 채 헛된 시간을 보내게 되니 말이다.

이렇게 쓰다 보니 내게 굉장히 편집증적 면모가 있는 것 같지만, 실제로 많은 이들이 이런 류의 어려움을 토로한다. 나도 모르게 이 조그마한 채팅창에 나의 감정과 관계에 대한 주권을 넘겼나 보다.

Part 4.

관계

그러지 말았어야 했다
관계 맺기를 포기하고 싶은 유혹

나는 우리 지역에서 유일한 남녀공학 고등학교를 다녔다. 당시 우리 반에는 연예인 지망생 여학생이 한 명 있었는데, 모든 남자들이 그 아이와 짝이 되고 싶어 했다. 운이 좋게도 나는 무려 두 달 연속으로 그 아이와 짝을 하게 되었고, 자연스럽게 꽤 친해질 수 있었다.

또한 나는 반에서 가장 공부 잘하고, 성격도 좋았던 우리 반 반장과도 우연히 친해졌다. 문득 나는 이 둘과 더욱 가까워지고 싶다는 마음이 들었고, 생각 끝에 그들을 데리고 떡볶이를 먹으러 가기로 결심했다.

문제는 그 둘이 별로 친하지 않았다는 데 있었다. 떡볶이를 먹고 난 후, 둘 다 뭔가 달라져 있었다. 그렇게 한여름 밤의

꿈은 한겨울의 서늘함으로 변했다. 누구나 가끔 과거로 돌아가고 싶은 충동을 느낄 것이다. 만약 내게 기회가 있다면 바로 그때로 돌아가고 싶다. 다시 말하지만 그러지 말았어야 했다.

이성에 대한 지식도, 경험도 없었던 나의 흑역사다. 당시 친구들도 어이없어 했다. 하지만 나는 이성관계만이 아니라 동성관계, 아니 모든 인간관계에 미숙했다. 분명 내 타고난 성향도 한몫했지만, 집안 분위기도 누군가와 어울리며 관계하는 것을 보고 배울 수 있는 환경이 아니었다.

요즘은 관계 무의미론을 주장하는 이야기나 글들이 넘쳐나는 것 같다. 관계에 어려움을 겪는 많은 현대인들에게 즉각적인 위로를 주기에 큰 공감을 얻고 있는 듯하다. 그러나 그러한 위로는 책임질 수도 없고, 책임지지도 않는 위로에 불과하다. 인생을 마무리하는 시점에 선 지혜자들이 가장 많이 얘기하는 것은 오히려 '관계'다. 또한 성경은 처음부터 사람은 다른 사람과 어울려야만 하는 존재라고 이야기한다.

그러나 아는 것과 그것을 사는 것, 나아가 누리는 것은 다르다. 그것이 필요하다는 것을 느끼려면, 그것이 보다 더 원활해지려면, 아마도 나의 '떡볶이 사건'과 같은 부끄러운 경험의 누적이 필요할 것이다.

관계라는 것은 정말 쉽지 않다. 가장 괴로운 것이 관계의 지옥 아닌가? 그러나 그것과 비교할 수 없을 정도로 힘든 것이 '고독'이다. 누군가와 관계할지 말지는 개인의 선택이 맞다. 그러나 사람 좀 만나 보니 너무 피곤하다고, 나는 사람과 잘 어울리지 못하는 것 같다고 지레 포기해서는 안 된다. 좀 쉬어도 좋으니 그래도 포기하지 않고 연습했으면 좋겠다. 모두에게는 떡볶이 사건이 필요하다. 당장은 괴롭겠지만, 그래도 필요하다.

죽고 싶다
삶을 포기하고 싶은 유혹

우리나라의 드높은 자살률로 인한 문제는 어제오늘의 일이 아니다. 그리고 우리네 그리스도인에게 있어 '자살'은 더욱 다루기 어려운 문제다.

삶이 힘들 때 모든 것을 포기하라고 부르는 손짓은 너무도 비리지만 거부할 수 없는 유혹이다. 사실 스스로 목숨을 끊는 일은 어느 세대에나 있었다. 그러나 생에 대한 집착이 강렬한 이들과, 반대로 생을 너무 가벼이 여기는 이들의 격차가 이렇게까지 차이가 난 적은 없는 것 같다. 자존감의 빈부 격차랄까?

그러나 누구나 자기 삶을 돌아보면, 생각보다 삶의 의지가 강력하다는 것을 알 수 있다. 이는 인간 누구에게나 있는 본

능이자 의지다. 그렇다면 도대체 어떤 삶을 살아왔기에 스스로 목숨을 끊게 되는 것일까? 단 한 번 그런 마음, 그런 감정을 마주했다고 해서 그럴 리는 없다.

단 한 번도 생각해 보지 않았던 '자살'이라는 생각과 감상이 처음 마음에 머무를 때 사람들은 깜짝 놀란다. '끔찍해! 내가 이런 생각을 하다니!' 그러면 알게 모르게 주변에 신호를 보낸다. 어찌 보면 '죽고 싶다'라는 생각 자체는, 죽고자 하는 의지의 발현이라기보다 자기 자신을 향한 SOS 신호라 할 수 있다. 죽고 싶다고 누군가에게 말하는 것 역시 죽고자 하는 의지의 발현이라기보다 타인을 향해 SOS 신호를 보내고 있는 것이다. 즉 '죽고 싶다'라는 생각은 '끔찍한 것', '부정적인 것'이 아니라, 도리어 내 안에 삶에 대한 갈망이 있음을 확인시켜 주는 긍정적인 에너지라 할 수 있다. 그래서 정말 죽을 사람은 '죽고 싶다'는 얘기조차 하지 않고 조용히 사라진다고 하지 않는가? 다만 사랑도 표현하지 않으면 알 수 없는 것처럼, 도와달라는 신호도 명확하지 않으면 모를 수 있다.

다시 말하지만, 당신에게는 이미 생에 대한 에너지가 있다. 다만 그동안의 경험과 그로 인한 부정적인 감정으로 인해 앞날이 보이지 않는 것뿐이다. 즉, '사라진' 게 아니라 자신의 주관적 판단과 감정에 의해 잠시 '숨겨진' 것이다. 물론 그 숨겨짐의 기간이 길어지고 만성화가 되면 사고로 이어질 수 있다. 하지만 그것은 사실이 아님을 기억해야 한다. 스스로 삶의 '심판' 자리에 서게 하는 유혹일 뿐이다.

우리가 마주하는 악은, 우리가 어찌할 수 없는 타락한 세상에 내재된 악의 흐름과, 그로 인해 구성된 촘촘한 악의 그물로 인해 발생한다. 때문에 살다 보면 누구든지 개인적인 이유로든, 구조적인 이유로든 '죽고 싶다'는 생각에 젖을 수밖에 없다. 그러나 조금만 돌아보면 좋은 사람은 꼭 있다. 지금이라도 길 밖으로 나가 간절히 도와달라고 한다면, 오늘 처음 만난 사람이라 하더라도 당신을 도울 수 있는 사람은 분명 있다. 이미 세상과 사람을 향한 믿음이 상실되었겠지만, 그래서 그렇게밖에 생각할 수 없겠지만, 누군가는 분명히 있다.

군목시절, 부대 내에서 자살한 한 병사의 장례식을 집전해본 적이 있다. 나와 불과 5-6년 차이가 나는 이의 장례였다. 그때 나는 이미 싸늘한 주검이 되어 누워 있는 그는 결코 볼 수 없는 광경을 보았다. 그를 사랑하는 이들의 오열과 애통함…. 그는 누가 자신을 사랑했었는지도 알지 못한 채 그저 그 자리에 누워 있었다.

가족이 된다는 것
가족이라는 관계에서 벗어나고픈 유혹

일본의 유명 감독 고레에다 히로카즈는 특별히 '가족'에 대한 영화를 많이 찍는 것으로 유명하다. 그중 〈그렇게 아버지가 된다〉라는 영화를 소개하고 싶다.

일밖에 모르는 유능한 남자가 있다. 그에게는 따뜻한 아내와 똘똘하고 귀여운 아들이 하나 있다. 그런데 아들이 유치원에 입학하던 어느 날, 청천벽력 같은 소식을 전달받는다. 6년 전 산부인과에서 아이가 뒤바뀌었다는 것이다. 남자는 혼란스러워하다 끝내 자신의 본래 아들을 되찾기로 결정하고 이를 위해 천천히 일을 꾸민다. 뒤바뀐 아이를 키우던 가족과 시간을 보내고, 때로는 두 아이를 바꾸어 상대의 집에 재워 보기도 한다. 두 집의 문화가 참으로 다르다. 그래도 역시 피는 물보다 진하다. 막상 데려와 보니 자기랑 닮은 점이 너무 많다. 그렇게 최종적으로 바꿔야 하는 때가 왔다. 그런데 남자는 무너진다. 사실은 자신과 아무 관계없는 아이이지만, 6년간 함께했던 그 아이가 눈에 계속 밟힌다. 결론은 예상대로다. 다시 그 아이를 찾아온다.

너무 뻔한 스토리로 여겨지겠지만, 감독은 그 아이를 다시 받아들이기까지 그동안 살아온 의미나 가치, 가족에 대한 생각이 모두 뒤바뀌어 버린 그 남자를 조망한다. 이를 통해 영화 제목처럼, 아버지는 '되어 가는 것'이지 '자동으로 되는 것'이 아니라는 사실을 알려 준다.

가족이란 세 가지 방법으로 이루어지는 것 같다. 태어나 보니 묶여 있는 '핏줄가족', 결혼과 같은 '선택가족', 마지막으로 '되어진 가족'이다. '이웃사촌'이라는 말이 그 의미를 잘 나타내 준다. 강제도 아니요, 선택도 아니지만, 어느새 마음을 주고받다 보니 자연스레 가족 같은 존재가 되어 버린 것이다.

어느새 '가족'이라는 말이 점점 희미해지고 있다. '부모-자식' 관계가 해체된다. 더 이상 함께 살지도, 가까이 살지도 않는다. 교육도, 양육도, 여가도, 관계도 전부 가족 밖에서 해결한다. 오히려 서로가 어색하고, 심지어는 불안의 근원이 되기도 한다. '부부' 사이는 두말할 필요가 없을 것이다. 이러한 상황에서 당연히 '되어진 가족'은 유명무실하다.

당신 주변에는 얼마나 많은 이들이 있는가? 그들은 당신에게 어떤 존재인가? '관계피로'를 호소하는 이들이 많다. 그런데 한 꺼풀 들춰 보면, 그 피로함은 지나친 경계에서 오는 피로감이지, 하나가 되기 위한 노력에서 오는 피로감이 아니다. 그러나 나와 피 한 방울 섞이지 않는 이도 가족이 될 수 있다. 그것은 마음의 문제다.

'입양'을 떠올려 본다. 인간의 타락한 본성을 거스르는 가장 숭고한 행위 중 하나가 아닐까 싶다. 입양은 선택가족처럼 보이지만, 조금만 더 들어가 보면 '되어진 가족'의 궁극적 모델이다. 우선 부모 쪽에서만 아이를 선택했기 때문에 쉽게 선택가족이라고 할 수 없다.

한 발짝 더 들어가 보자. 이들의 '가족 됨'에 있어서 핵심은 서류통과나 법적 인정이 아니다. 그렇다고 가족이 되기 위한 행위적 노력들, 즉 한 집에 살고 '엄마, 아빠, 아들, 딸'이라고 부르는 것 역시 핵심은 아니다. 가장 중요한 핵심은 '이미 이 사람은 내 가족이다'라는 믿음과 인식의 전환이다. 이것이 모든 것에 우선된다. 이미 가족이라는 믿음을 갖고 그 사람을 바라보면 다르게 보인다. 즉 '이미 가족'이라고 여기고 보는 것과 '가족이 되어야 한다'고 노력하는 것은 다르다.

하나님은 원수 마귀의 자식으로 남을 우리를 자녀로 삼아 주셨다. 가족 됨의 선언이다. 그리스도인은 이처럼 '되어진 가족'의 전적인 수혜자다. 그리고 교회는 사실 '되어진 가족'의 집단이다. 낯간지럽겠지만, '형제, 자매'라는 말은 그러한 신앙고백으로부터 도출된 말이다. 진심으로 당신이 교회에서 형제 자매를 만나고, 형제 자매를 삼았으면 한다. 그리고 누군가의 형제 자매가 되어 주길 바란다.

프로불편러
비판을 넘어 비난하고자 하는 유혹

한국교회가 많이 어렵다. 존경심은 고사하고, 더 이상 욕만 먹지 않아도 좋겠다는 소박한 바람이 있다. 이렇게 된 여러 이유들 중 빠지지 않는 것이 '대형교회 책임론'이다. 의도했든 아니든, 대형교회들이 내부적으로는 한국교회의 '방향타' 역할을 해왔고, 외부적으로는 사회를 향한 '얼굴마담' 역할을 해왔기 때문이 아닐까?

그런데 시간이 흘러 깨달았다. 크기의 크고 작음이 중요한 것이 아니라, 그 중심에 어떤 바람이 있는지가 더 중요하다는 것을…. '작은 교회'라 하더라도 오히려 대형교회가 되지 못한 열등감에 부족한 자원을 짜내어 무작정 대형교회를 따라했다가 한순간에 무너지고 마는 경우를 많이 보았다. 반대로 건강하게 사역한 결실로 대형화가 되었어도, 여전히 건강성을 잃지 않고 끊임없이 세상을 섬기는 교회도 있었다. 물론 여전히 '크기'의 문제가 본질이 '될 수도' 있다는 생각에는 변함이 없으나, 그럼에도 그토록 집착했던 '크기'가 절대적 판단 기준이 될 수 없다는 사실 정도는 깨달았다. 그리고 그 어간에, 나 자신의 숨은 욕구가 보였다. 아직 가지지 않아서 그리 쉽게 얘기할 수 있었다는 점이 우선 보였다. 아니, 그보다 더 교묘하고 심각한 문제가 도사리고 있었다.

'비판'은 자칫 '유혹'의 문제와 맞물릴 수 있다. 우리네 '비판'은 '비난'으로 귀결되어 버리는 경우가 굉장히 많기에 그러하다. 그런 사람은 혼자 부정적인 감정에 휩싸이게 된다. 상대방은 전혀 모르는데, 혼자 폭발해서 산화해 버리는 것이다.

그런데 재미있는 것이 있다. 누군가를 비판하는 것은 분명 감정적 소모가 발생하는 일임에도 좀처럼 멈추지 않는다는 것이다. 뭔가 얻어지는 것이 있기 때문이다. 우선 주변 사람들에게는 차마 발산할 수 없는 부정적인 감정을 배설할 수 있다는 것이 그 하나요, 그것을 비판하는 자신은 그 문제로부터 제외된다고 생각하여 의롭다는 느낌을 얻는다는 것이 다른 하나다. 그리고 단지 내적 만족을 넘어, 사람들이 그를 의로운 사람으로 평가해 준다는 것이 마지막 하나다.

그러나 남을 비판한다고 자신의 의로움이 증명되는 것은 아니다. 의로움이란 단지 말을 잘한다고 이루어지는 것이 아니다. 그 자리에서 의로운 행동을 선택해야 이루어지는 것이다.

그렇다고 해서 비판이 필요 없다는 건 아니다. 건강한 비판은 꼭 필요하다. 또한 아무리 맥락이 있었다 하더라도, 나쁜 선택을 해서 나쁜 결과를 얻게 되었다면 마땅히 비판을 받아야 한다. 다만 너무 세게 얘기하지는 말자. 예수님 말씀처럼, 나중에 그 잣대 그대로 누군가에게 반드시 비판받게 될 것이다.

> 너희가 비판하는 그 비판으로 너희가 비판을 받을 것이요 너희가 헤아리는 그 헤아림으로 너희가 헤아림을 받을 것이니라. (마 7:2)

오래 보아야 아름답다
다른 사람을 쉽게 판단하려는 유혹

내게는 큰 단점이 하나 있다. 좀처럼 사람을 잘 못 본다는 것이다. 시력 얘기가 아니다. 분별력이 떨어진다는 의미다. 꽤 눈치가 좋은 편인데도, 첫인상을 통한 판단과 실제 됨됨이가 다른 경우가 많았다. 그래서인지 사람을 잘 볼 줄 아는 이들이 꽤 부럽다.

어떤 이들이 사람 보는 눈이 있는지 살펴보니, 소위 '영업직'을 감당하는 이들이라는 공통점이 있었다. 이들은 처음 만난 자리에서 몇 가지 질문과 흐름을 통해 그 사람의 기호를 파악하고 어떤 유형의 사람인지 빨리 카테고리화한다. 타고난 것도, 훈련된 것도 있겠지만, 그렇게 빨리 판단하고 대응해야만 원하는 목적을 달성할 수 있기에 그런 쪽으로 계발되었을 것이다.

살면서 수없이 실수를 하다 보니 그러한 능력을 가진 사람들이 참 부러웠다. 그런데 언젠가부터 개의치 않게 되었다. 아마 사람 잘 본다고 하는 이들이 사람을 가려서 사귄다는 것을 깨닫고 난 뒤부터였을 것이다.

그런 사람들은 빠르게 판단한 후, 부정적인 카테고리로 분류된 이들은 선입견을 가지고 멀리했다. 상대가 실제 어떤 사람인지 알아볼 기회조차 갖지 않고 처음 판단 그대로 끝까지 가는 경우가 많았다.

그래서 나는 사람을 잘 못 보는 것을 도리어 장점으로 삼기로 했다. 내가 사람 잘 못 본다는 사실을 인지하고 나니 오히려 만인이 평등하게 느껴졌다. 크게 기대도 하지 않고, 반대로 크게 실망도 하지 않고 그저 똑같은 사람으로 대한다. 호기심을 갖고 바라보아야 하는 그런 사람으로 말이다. 여전히 피곤하고 힘들지만 그리스도인으로서, 목회자로서 흐린 눈은 축복인 것 같다.

처음 보는 타인에 대해 조속히 판단을 내리고 카테고리화하려는 심리는 누구에게나 있다. 더 많은 유익을 얻기 위해, 혹은 스스로 덜 상처받기 위해 그럴 것이다. 물론 처음부터 그랬던 것은 아니다. 무수히 많은 관계들을 거치다 보면 누가 가르쳐 주지 않아도 그렇게 된다. 그러나 아무리 사람을 잘 보더라도 한 길 사람 속은 알 수 없다. 그러한 관심법은 '능력'의 상징이 아니라, 어쩌면 '이기심'의 상징일 수도 있다.

사람은 멀리서 볼 때만 아름다운 것이 아니라, 가까이서 볼 때도 아름답다. 그리고 그 순간 느낀 아름다움이 아니라, 오래 볼 때 느껴지는 아름다움이 진짜 그의 미(美)다. 쉽게 분류하지 말자.

Part 5.

쾌락

마음이 고픈 사람들
내면의 허기를 다른 것으로 채우려는 유혹

"뚱뚱하고 못생긴 것에 지치셨나요? 이제는 못생기기만 하세요." 언제부턴가 우후죽순으로 생겨난 헬스장. 이것도 레드오션이 되었는지 기발한 문구들로 사람들의 시선을 끌어당긴다. 명언의 반열에 오를 만한 기발한 문구도 있다. "운동을 하면서 가장 어려운 건 체육관에 오는 것입니다. 당신은 방금 그걸 해내셨습니다. 지금부터는 쉬운 걸 해보겠습니다."

레드오션이라는 것은, 반대로 그만큼 여전히 수요가 있다는 반증일 터. 물론 단순히 건강유지와 근육생성이 목적이었다면 이렇게까지 수요가 많지는 않았을 것이다. 사실 많은 이들이 다이어트를 목적으로 헬스장을 찾는다. 그만큼 우리는 영양 과다의 시대를 살고 있다. 물만 먹어도 살이 찐다는 사람들도 있지만, 실상을 보면 분명 뭔가를 많이 먹는다. 그리고 움직이지는 않는다. 그렇게 살이 찐다.

언젠가 이런 말을 들었다. "많이 먹는 사람들이 전부 배가 고파서 먹는 것만은 아니야. 때로는 마음이 고파서 습관적으로 먹는 사람도 있어!" 먼 얘기는 아닐 터. 스트레스는 받지만 그 원인으로부터 도피할 수 없을 때, 사람이 일반적으로 취하는 셀프치유 수단은 '먹는 것' 혹은 '자는 것'이다. 몸이 피곤해서가 아니라 마음이 피곤해서 계속 자는 것이다. 마찬가지로 스트레스를 받으면 꼭 술이 아니더라도 뭔가를 먹는 행위를 통해 허한 마음을 채우려고 한다. 혹시 습관적으로 많이 먹거나 끊임없이 씹을 거리를 찾는다면, 자신이 배가 고파서 그러는지, 마음이 고파서 그러는지 확인해 보라.

먹는 것은 에너지 생성을 위해 꼭 필요한 행동이다. 그리고 충분한 음식물, 그것도 좋은 식재료로 잘 요리한 음식은 인간에게 큰 행복감을 선사한다. 그러나 '탐식'이나 '폭식'은 행복과는 다르다. 그렇게 마음을 채워 넣기 위해 먹는 음식은, 자신의 본래 존재 이유인 에너지 형성이 아니라 '독'으로 다가간다. 중력을 끌어당기는 무게추가 된다. 물론 이를 모르지는 않을 것이다. 단지 그것을 상회하는 스트레스 때문에 멈출 수가 없는 것이다.

이러한 탐식과 폭식은 내가 통제할 수 없는 상황과 사람에 대한 반동으로 생겨난다. 그래서 이제는 말 못 하는 무생물인 음식과 일종의 '관계'를 맺는다. 이 친구는 반항하지 않는다. 혹시 음식이 당신 보고 "왜 이렇게 많이 먹어!"라며 꾸짖는 것을 보았는가? 그냥 다소곳이 내가 원하는 양만큼 내 입으로 들어간다. 이렇게 내 맘대로 음식을 통제하고 누리며 스스로 희열을 얻는 것이다.

재미있는 것은, 이 정도로 음식에 지배당한 사람은 자신이 먹는 음식의 맛을 제대로 느끼지 못한다는 것이다. 그러한 탐식자는 혀끝의 미각이 아니라, 죽어 버린 내면의 미각을 만족시키고자 먹는 것이기 때문이다. 어쩌면 이들은 인간이 다다를 수 없는 내면의 깊은 곳, 아니 영혼의 빈 공간을 채워 줄 뭔가를 갈망하는 것인지도 모른다.

물론 예수님의 말씀처럼 내 입으로 들어가는 것은 내 영혼을 더럽게 하지 못한다(마 15:11). 반대로 내 입으로 들어가는 것이 내 영혼을 깨끗하게 해주지도, 채워 주지도 못한다. 그 원인이 내적 갈망을 채우기 위한 탐식이나 폭식이라면 당신에게는 영혼의 음식이 필요하다. 생명의 떡이.

이젠 정말 마지막이야
악순환에 빠져드는 중독의 유혹

어느 날 PC방에 갔는데, 먹다 남은 컵라면과 과자를 산처럼 쌓아 놓고 36시간째 게임을 하는 사람을 보았다고 해보자. 그게 내 자녀였다면 한바탕 혼을 내었겠지만, 만약 당신과 비슷한 연배의 사람이라면 어떤 생각이 들겠는가? 대화를 시도해 본다면 조금 달라질 수도 있겠지만, 아마도 처음 드는 생각은 '한심함'이지 않을까?

그러나 그 사람이 그 자리에 앉아 있는 데에는 나름의 이유와 선택이 존재한다. 그는 그 자리가 자신에게 가장 큰 행복감을 준다는 판단 때문에 거기 있는 것이다. 물론 또 다른 이유도 있다. 그 순간에 그것밖에 할 게 없어서, 생각나는 게 그것밖에 없어서 어느새 그 자리가 자신의 존재 그 자체가 되어 버린 것이다. 누군가에게는 그 자리가 컴퓨터 앞일 것이고, 누군가에게는 방구석 침대 위일 수도 있다.

중독은 그런 것이다. 적극적으로 보면 무언가에 얽매여 그로부터 쾌감을 얻으려는 것이지만, 수동적으로 보면 그것 이상의 것을 생각할 수 없게 된 상태라 할 수 있다. 건강할 때는 '한심'하다고 평가하던 그 모습이, 이미 중독의 증세에 젖어들면 그 중독의 현장 자체가 어느새 자기의 삶이 되어 버린다.

지인들은 나를 가리켜 '무욕'이라고 부른다. 쾌락의 욕구가 그다지 크지 않기 때문이다. 그러나 크지만 않을 뿐 내게도 분명 그러한 욕구가 있다. 예전에 내가 좋아하는 요소를 모두 갖춘 최적의 게임을 마주한 적이 있었다. 그런데 하필 그때의 나는 실패감에 몰입되어 있었다. 이 콜라보 앞에 나는 속수무책으로 무너졌고, 이내 서서히 중독되고 말았다. 그러고 보면 상황과 니즈가 정확히 맞는 때가 자주 있는 사람과 덜 맞는 사람만 있을 뿐, 누구에게나 중독은 열려 있다.

게임 중독에는 패턴이 있다. 정상적인 사람이라면 아무리 몰입해서 즐기다가도 어느 순간에는 이게 문제라는 것을 느끼게 된다. 그래서 끊어 보려 노력한다. 그렇게 다시 일상으로 돌아가려 하지만, 또다시 찾아온 현실의 패배감으로 인해 다시 게임 앞으로 돌아간다. 내 컨트롤을 따르는 게임 캐릭터, Save와 Load를 언제든 반복할 수 있는 프로그램은 현실의 패배감을 무마시켜 준다. 그러나 이내 또 후회한다. 무슨 중독이든 이와 같은 패턴이 반복적으로 일어난다. 즉 '중독의 악순환'이다.

변명일지는 몰라도, 나에게 맡겨진 사역을 등한시할 만큼 중독에 빠지지는 않았다. 그런데 가족들에게 미안한 마음이 들었다. 일은 어떻게든 처리했지만, 가족과의 시간은 핑계를 댈 수 있었기 때문이다. 이처럼 중독은 모든 건강한 관계와 정상적 감정으로부터 나를 분리시킨다. 그리고 스스로 관계의 실패자라 여기고 더 중독으로 빠져들어 간다. 이를 끊어내는 가장 중요한 첫걸음은 자신이 중독되었다는 사실을 먼저 인정하고, 주변인들에게 이를 알리는 것이다. 여기서부터 길이 보인다.

우리는 중독자들을 마주하면 한심하다고 느끼지만, 사실 그것은 나와 당신의 이야기, 즉 누구나에게 해당되는 이야기다. 우리는 모두 자본주의, 즉 '돈'에 중독되어 있다. 부정하지 말자. 앞서 이미 중독의 증세에 젖어들면 중독의 현장 자체가 어느새 자기의 삶이 되어 버린다고 하지 않았는가? 모두가 중독자다 보니 그것을 분간할 길이 없는 것이다.

우리가 만약 돈에 중독되었다고 고백하면, 주변 사람들은 그게 아니라고, 당신은 정상이라고 이야기할 것이다. 왜냐하면 다 함께 중독된 상태로 있어야 이것이 정상처럼 보이기 때문이다. 중독자는 건강한 사람들 사이에 있을 때 탈출할 수 있다. 중독자들끼리 있으면, 특히 자신의 상태를 인정하지 않는 중독자들 사이에 있으면 오히려 악화된다. 교회는 그것이 중독이며, 돈 이야기 말고, 하나님 나라의 이야기가 있다는 것을 알려 주는 곳이나, 안타깝게도 가끔은 교회에서마저 그것이 괜찮다는 얘기를 듣기도 한다.

중독은 단순히 일시적인 절제와 노력만으로는 빠져나올 수 없다. 오히려 '의지박약'이라는 죄책감만 남을 뿐이다. 중독으로 고갈된 내면의 이야기는 절제가 아니라 건강하고 의미 있는 이야기로 채워져야 한다. 중독의 이야기를 지배할 정도로 더 강력한 것으로 채워져야 한다. 그 정도 강력한 이야기는 희생적인 '사랑'밖에 없을 터. 가족의 사랑, 연인의 사랑…. 그래서 수많은 중독자와 일탈자들이 그 사랑 이야기 때문에 돌아오게 되었음을 고백한다. 무엇보다 '하나님의 사랑' 이야기가 그 자리를 대체하기를 바란다.

정말 괜찮을까?
그릇된 성문화의 유혹

처음으로 '성'을 접한 것은 초등학교 4학년 때였다. 비어 있는 친구네 집. 내 친구는 19금 액션영화 비디오를 틀어 주었다. 분명 액션 영화인데, 지금 생각해 봐도 불필요한 애정신이 많이 나왔다. 그렇게 나는 무방비 상태로 음란물을 처음 접했다.

사춘기 시절에 접어들자 나는 남자아이들 무리 속에서 '성' 담론을 음성적으로, 미숙하게, 그리고 급작스럽게 접하게 되었다. 요즘은 더 노골적이고 더 일그러진 것 같지만, 양상은 예나 지금이나 비슷하다. 음성적이고 쾌락적인 부분으로만 고착되는 성문화, 그리고 도적같이 임하는 성적 자극들….

"야동을 한 번도 안 본 사람은 있어도 한 번만 본 사람은 없다"는 말을 들어 본 적이 있을 것이다. 그만큼 야동이 중독적이라는 뜻도 있겠지만, 이런 말 자체를 누구나 알고 공유한다는 것은, 이제는 야동을 보는 것 자체를 더 이상 문제로 삼지 않는다는 것의 방증이기도 하다. 그렇게 '괜찮다'는 생각은 다양한 방식으로 우리의 성문화를 형성해 간다.

그리스도인들이 신앙적 기준으로 윤리적 원칙을 세우는 게 아니라, 사회의 관용 아래, 또한 다들 그렇게 산다는 의식 아래 어느새 '괜찮다'는 역해석이 들어온다. 물론 기독교는 그동안 성경에서 말하는 성윤리가 아닌, 유교적 성문화에 길들여져 있었기에 수정되어야 하는 지점은 참 많지만, 기본적으로 하나님 나라의 성적 윤리는 '음성적'이거나 '유흥적'이지 않다.

성은 순간의 쾌락으로 끝나지 않는다. 인지하지 못하더라도 우리의 몸과 정서와 영혼은 그 기억을 품는다. 결혼한 후에도 언제든 이전의 기억이 발현될 수 있으며, 배우자를 다른 이와 비교할 수도 있다. 그것은 지금의 배우자에 대한 잠정적 범죄이자, 더 나은 관계형성을 가로막는 장애물이 될 수도 있다.

우리는 어떻게 이 유혹에 대응할 수 있는가? 솔직해지자. 통계적으로도 확인되는 무성욕자가 아닌 이상 사실상 거의 힘들다고 봐도 무방하다. 모든 유혹 중에 가장 우발적이어서 자신의 의지로 '절제'하기 힘든 충동이자, 자기 혼자만의 결단으로 이길 수 있는 것도 아니기에 그렇다. 이토록 전방위적인 유혹도 없다. 그래서 힘 빠지겠지만, 어찌 보면 대응은 불가능해 보인다.

그렇다고 지금까지 해오던 대로 '도피' 혹은 '죄책감'으로 대하는 것은 부적절해 보인다. 이 강력하고도 편만한 유혹 앞에 도피란 존재할 수 없다. 스마트폰만 켜도, 길거리만 나가도 자극점은 한두 가지가 아니다. 또한 죄책감도 한두 번일 뿐, 시간이 지나면 더 합리화하게 되거나 더 음성적으로 변할 뿐이다. 그 순간 하나님은 거기 안 계신다.

다만 얘기하고 싶은 것은 이것이다. 진정한 사랑을 해본다면 조금은 알 것이다. 그러한 사랑이 투영된 대상은 일반적인 타인이나, 이전에 만났던 이성들과는 조금 다르게 보인다. 소유하고자 하는 욕망보다 보호와 희생의 마음이 더 커진다. 나는 우리가 그냥 연애나 그냥 결혼을 하지 말고, 우선 '사랑'을 했으면 한다. 그리고 내 경우에는, 어느 순간 이성으로 보는 시각보다, 사람, 즉 영혼이 깃든 하나님의 형상으로 보는 시각이 더 강해졌을 때 비로소 탈출, 아니 이겨 낼 수 있었다. 죄책감과 통제로는 아무것도 이루어지지 않는다. 상대를 향한 진정한 사랑, 그리스도에 대한 사랑 이야기다. '사랑' 이야기는 늘 '성'보다 압도적이다.

Part 6.

시대

내가 제일 힘들어
자신만 바라보는 자기연민의 유혹

당장 옆에서 누군가 죽어 나가도 당장 내 손에 박힌 가시가 더 아픈 게 우리다. 이를 너그럽게 인정하더라도, 가끔 어떤 이들은 자신의 가시에만 집중하곤 한다. '자기 연민'이랄까? 어떤 이들만의 문제는 아니고, 자존감이 끝없이 하락하는 시기와 상태라면 누구나 직면하게 되는 유혹이다.

자기 사연을 부풀린다. 눈에 보이지도 않는 작은 '가시'는 어느새 '대못'으로 바뀐다. 누가 보면 예수님의 손과 발에 박힌 대못인 줄 알겠다. 자기감정도 부풀려진다. 십자가의 대못을 로마병정들이 일부러 내리친 것처럼, 누가 보면 누가 일부러 나 죽으라고 내리친 줄 알겠다.

물론 아무리 옆에서 별것 아니라고 한들, 모든 고통은 상대적이기에 자기가 아프다고 느끼면 아픈 것이다. 그러나 자기연민에 쉬이 빠지는 사람들은 이를 무기화한다. 자기는 늘 핍박받고 고통받는 약자다. 그들은 마치 내기라도 하듯 자신의 불우한 이야기를 늘어놓고, 자신의 괴로운 감정을 과한 말과 행동으로 표출한다. 그래서 그의 앞에서는 누구도 아픈 얘기를 할 수 없다. 심지어 그 사람 때문에 생긴 문제나 아픔이라도. 도리어 이를 조심스레 언급하면, 이렇게 아프고 약한 나에게 어찌 그런 심한 소리를 할 수 있느냐며, 언급한 이를 결국 나쁜 사람으로 만든다. 아니, 사실 누구나 그 사람 앞에 서면 나쁜 사람이 된다. 그래서 자기연민에 사로잡힌 사람들은 아무리 자기에게 유익하다 하더라도 '싫은 소리'를 피하고, 상대의 말을 가로막는다.

그러나 과연 사연 없는 사람이 있을까? 당신이 아프다고 해서 다른 사람이 아프지 않은 것은 아니다. 당신이 아프다고 해서 모든 것이 정당화되는 것은 아니다. 이러한 경향이 발견되거나, 이러한 유혹이 느껴진다면, 당신에게는 지금 영혼의 풍성함이 필요하지, 자기연민의 에너지를 채워 줄 또 다른 숙주가 필요한 것은 아니다.

극과 극은 정말 통하는 것 같다. "나를 존중한다면, 내 방식대로, 내가 시키는 대로 해야 해!"라는 꼰대문화에 응수하여, "나를 사랑한다면, 내가 하고 싶은 것을 다 인정해 줘야 해!"라는 자기연민의 문화가 꽃을 피운다. '자기연민'은 인간 본연의 것이지만, 특별히 성향과 상황에 따라 더 빠지는 이들이 있고, 지금은 시대적 유혹으로까지 느껴진다.

그러나 어떻게 사람이 사람을 다 알 수 있겠는가? 아무리 부부 사이라도 모든 것을 알지 못한다. 그래서 끊임없이 대화가 필요하고, 서로 양보하며 조정해 나가야 한다. 따라서 "나에 대해 잘 알지도 못하면서…"라는 말에는 "그러는 너도 날 모르잖아"라는 말로 응수할 수 있을 것이다. 자기연민을 위한 수단으로 쓰일 말은 아니다.

너의 가치를 증명해 보라
쓸모 있는 존재가 되고자 하는 유혹

현대 도시인들에게 '우울감'이란, 마치 면역력이 떨어지면 어김없이 찾아오는 '감기' 같아 보인다. 꼭 병명으로 확진 받지는 않더라도 누구에게나 만연한 증상인 듯하다.

우울감의 방아쇠가 되었던 사건이 있다. 아내가 장을 보고 들어가는 길에 4살짜리 딸에게 "빨리 들어가자. 아빠랑 저녁 먹어야지"라고 했는데, 요 녀석이 "그럴 필요 없어. 어차피 아빠는 밥만 먹고 또 교회 가잖아!"라고 했단다. 아내는 영특하다는 의미로 내게 이 말을 전달했는데, 그게 내 심장을 아프게 했다. 나는 사역자로서의 길을 걷기 시작할 때 다짐한 바가 있었다. '난 아버지랑 달라. 나는 교회보다 가정이 우선이다.' 그런데 어느새 까맣게 잊고 16개월 정도 새벽에 나가서 밤늦게 들어오는 생활을 반복하고 있었다. 그러다 우연히 듣게 된 딸의 한 마디가 나를 무너뜨린 것이다. 사실 누구도 그리 시키지 않았다. 더 좋은 사역자가 되기 위한 욕심에 스스로 자초한 면도 있었다. 그 '좋음'의 기준은 바쁨과 성과였고, 그것을 통해 나의 가치를 인정받고 싶었던 것이다.

그때 즈음이었을 것이다. 버스를 타고 가다가 우연히 한 초등학교 현관에 적힌 교훈을 보고 나도 모르게 분노했던 적이 있다. 'ㅇㅇ 있게, ㅇㅇ하게, 쓸모 있게!' 그 '쓸모'라는 말이 얼마나 슬프게 와닿았는지 모른다. 누구를 위한 '쓸모'인가? 가족? 학교? 국가? 최소한 자기 자신은 아니리라. 우리는 그렇게 배워 왔다. 요즘은 개인의 가치를 존중하는 시대가 되어 그런 구호들이 조금씩 사라지고는 있지만, 여전히 우리는 '쓸모 있는 존재'가 되어야 한다는 압박감을 자주 느낀다. 다시 말해 우리는 자신도 모르게 이런 소리를 내면에서 마주하고 있는 것이다. '네가 정말 가치 있는 자임을 증명해 봐!'

그래서 나를 가치 있게 만들어 줄 것 같은 것들에 주의를 기울이게 된다. 가장 간단하게는 돈, 외모, 명품, 권력 등…. 대다수는 그것을 풍족히 쟁취하지 못하지만, 또한 쉽게 포기하지도 못한다. 그래서 우리 같은 지극히 평범한 인생들은 하다하다 '성품'이라도 내세우게 된다. '착한 사람 컴플렉스'는 그 연장선상에 있어 보인다. 상대에게 미움 받는 것이 두려워서, 혹은 안 된다고 거절하면 상대가 나를 떠나갈

까 봐 두려워서 참는다. 단순히 "관계를 중요시하기 때문이야!"라고 말하지 못한다.

자기 가치를 증명해야 한다는 압박감은 어찌 보면 시대를 막론하고, 또한 신앙의 유무를 막론하고 사람을 파멸로 이끄는 병인 것 같다. 한 인생이 그 어떤 수식어나 조건에 구애받지 않고 한 인생 그 자체로 대접받는다는 것은 참으로 요원한 일처럼 보인다.

우리의 가치는 타인에 의해, 사회에 의해 규정되지 않는다. 기독교적 믿음으로 보면 인간은 창조자의 주권에 의해 지음 받은 존재이기에, 상대평가의 대상이 아니라 그 자체로 가치 있는 존재다. 그렇다. 당신은 당신이 인정하지 않더라도 이미 작품이다. 그들이 원하는 기준에 맞지 않는다고 가치 없는 존재가 되는 것이 아니다. 나의 가치를 증명하는 것은 나 자신이 아니라, 하나님의 증언이다.

줄 잘 서는 사람
헛된 것을 믿으려는 유혹

교회 목양실 내 자리에서 고개를 살짝 돌려 창밖을 바라보면, 제일 먼저 시선을 끌어당기는 간판이 있다. '타로&사주 운명상담소', 그러고 보니 동서양의 완전한 만남이다. 가끔 시선이 머무를 때면 궁금하긴 하다. '도대체 어떤 사람들이 가는 걸까?'

그곳에 가면 결국 어떻게든 얻어걸리는 말이 나온다고 한다. 사실 아프지 않은 사람, 사연 없는 사람은 없지 않은가? 누구에게나 해당될 수 있는 말을 통해 믿음을 사는 것 같다. 그러고 보면 신기하다. 이렇게나 과학이 발달하고, 합리적인 사고로 충만한 시대임에도, 사람들은 그러한 곳을 꾸준히 찾는다. 그 똑똑하다는 사람들이나, 다른 사람 위에 군림하는 정치가, 고위공직자, 기업 임원들도 다를 바 없다. 선거

철, 승진철만 되면 전국에 내로라하는 점집은 이들로 문전성시를 이루는 게 현실이다.

과학의 발달은 미신과 종교를 구분해 주었다. 근대 이전까지만 해도 비가 많이 오면, 풍랑이 치면, 해가 가려지면, 누군가 아프면 신적 존재가 개입한 길흉화복으로 생각했지만, 과학의 발달은 이런 미신적 사고를 하나씩 벗겨냈다. 그래서 우리는 점점 신적 권위라 부를 정도의 자리를 과학에게 내어주었다.

사람들은 미신은 사라지고, 인간의 내면을 돌아보는 고등종교만 살아남을 것이라고 예측했다. 그러나 오히려 미신은 흥왕하고 종교가 사라지고 있다. 종교에 권위를 주었던 만큼 실망도 커진 것이다. 온갖 부패와 지도자들의 추문 앞에 종교적 권위는 무너지는 중이다. 사주를 보는 사람과 점치는 사람에게는 도덕성을 요구하지는 않기에 그들은 관계없다. 그리고 아이러니하게도 종교가 사라진 자리를 미신으로 채워 넣고 거기에 권위를 준다.

종교의 권위만 사라진 것은 아니다. 사람들이 동의하던 대부분의 권위들도 사라지고 있다. 이제 사람들은 더 이상 교사, 지도자, 전문가, 성직자들에게 묻지 않는다. 이런 권위의 상실을 함축적으로 표현하자면, '어른이 사라졌다'고 할 수 있겠다.

풍요로우나 우울한 시대다. 우울함의 기반이 되는 '불안'이야 본래 떨칠 수 없는 인간의 근원적 정서이지만, 지금은 아예 시대 정서가 되어 버린 듯하다. 어쩌면 무언가를 믿고, 권위를 내주어야 비로소 평온이 찾아오는 인간 본성에 반하는 방향으로 흘러가서 그리된 것은 아닐까? 언제부터인가 열풍인 '인문학의 재발견'은 다른 말로 '권위'를 되찾고자 하는 열망의 표출이 아닐까 싶다. 그런데 모든 이념전쟁의 승자로 불리는 '자본주의'는 기어코 '불안'마저 상품화한다. 그래서 돌고 돌아 '운명상담소'다. 돈을 지불하고 내가 듣고 싶은 말을 듣는 일종의 '서비스'를 받는 것이다. 또 다른 상품인 '심리상담'이나 '위로의 메시지'들의 효력을 무시할 필요는 없으나, 이 역시 악화되는 것을 방지해 줄 뿐 근본적으로 해결해 주지는 못한다. 장고 끝에 악수라고, 똑똑하지만 헛된 권위에 놀아나는 것이 우리네 현실이다.

역설적이게도 인간은 무언가를 믿고 의존해야 자유해진다. 다만 믿음은 공백을 허용하지 않기에, 제대로 된 것을 믿지 않으면 결국 잘못된 권위들로 채워진다. 그 유일한 권위의 대상은 다름 아닌 우리와 세상의 창조자이자 주인이신 하나님이다. 그러나 마귀는 유혹한다. 다른 무언가에게 권위를 넘기도록 유도한다. 그게 무엇이든 하나님만 아니면 된다. 마귀는 어쩌면 유혹이 아닌, 물타기의 고수일 수도 있다. 진정 똑똑한 자는 많이 배운 사람이 아니다. 소위 '줄 잘 서는 사람'이다. 최종 권위자가 누구인지를 알고, 그에게 권위를 드리는 사람이다.

SNS의 맛
달콤한 허상의 유혹

언젠가부터 SNS를 이용하기 시작했고, 언젠가부터 SNS에 열심을 내게 되었다. 그리고 언젠가부터 SNS에 의해 내 기분이 좌지우지되는 것도 알게 되었다. 어쩌다가 '웃자고' 한 일에 '죽자고' 덤벼들게 되었을까? 몇 가지 단상을 남겨 본다.

탐욕

누구나 타인의 일상을 몰래 보고 싶은 관음의 욕망을 갖고 있다. '정보'도 일종의 소유물이라고 본다면, 특별히 일방적으로 관음하는 자는 일방적으로 정보를 소유하게 되고, 이는 가진 자에게 엄청난 '희열'을 줌과 동시에 '위계'를 만들어 낸다. 즉 관음증은 여러 가지 기제가 얽힌 엄청난 탐욕의 발현이라 할 수 있다. 그런데 알다시피 그것은 '악'이자 불법이다. 그런데 SNS가 이를 합법적으로 구현하게 만든다.

도리어 장려한다. 그래서인지 너무도 쉽게 관음의 욕망을 충족시켜 주는 이 SNS로부터 사람들이 눈을 떼지 못하는 것 같다.

나르시시즘

반면 이처럼 관음의 먹이가 된다는 것을 알면서도, 수많은 이들이 게시물을 올린다. 아니 오히려 그 수많은 관음의 눈길이 자신에게로 향하기를 원하는 마음으로 올린다. 사람에게는 '관음의 욕구'가 있는 것만큼, 누군가에게 알려지기를 간절히 원하는 욕구도 있다. 이는 자아도취를 상징하는 '나르시시즘'과 긴밀히 연결된다. 이들은 자신을 끊임없이 드러내고 남들의 시선을 통해 자존감을 얻는다. 그래서 SNS에 무언가를 게시하는 데 열중한다. 물론 거기서 자존감을 누리는 사람은 게시하는 것 자체에서는 만족을 얻지 못한다. 그들에게는 '좋아요' 숫자가 더 중요하다. 그래서 때로는 내가 아닌 모습을 인위적으로 자아내는 데 거리낌이 없다. 합법적이고 공개적으로 나르시시즘을 드러내는 데 SNS만큼 훌륭한 도구도 없다.

시기

'상대적 박탈감'은 비교대상에 의해 '만들어지는' 것도 있지만, 스스로 '만들어 내는' 것도 있다. 이 시대의 상대적 박탈감은 주로 SNS로 인해 생성된다. 예전에는 내 주변 사람만 비교대상이었다면, 지금은 지구 반대편 사람도 비교가 가능해졌다. 어느 때보다 시기심이 만연하고 상대적 박탈감에 사로잡히게 되는 이유가 바로 그 때문인 것이다. 그러나 우리가 보는 것은 그들의 실제 삶이 아니라, 그들이 선별적으로 제시한 이미지다. 늘 사람들과 어울리는 사진, 예쁜 구도와 포즈, 행복한 표정, 맛있는 음식, 멋진 인물과의 만남, 열심히 사는 모습 등…. 물론 이미지일 뿐이라는 것을 알지만, 그럼에도 반복적으로 보다 보면 자신도 모르는 사이에 '시기'에 빠지게 된다. 그리고 시기는 결국 불만족스러운 삶으로 이어진다.

고독
사회적 관계망에 빠져들면 도리어 실제 사회적 관계가 상실된다. 충분히 소통했다는, 그리고 나를 알아주는 이들이 이렇게 많다는 근거 없는 자신감에 사로잡히게 된다. 마치 '상상임신'이 실제 임신과 증상은 비슷하지만 사실은 그 어떤 생명도 갖고 있지 않은 것처럼, SNS에 올라오는 것은 실제의 그도 아니요, 실제의 나도 아니다. 게다가 하루 종일 붙어 다니던 커플도 몸이 멀어지면 마음도 멀어지기 마련인데, 얼굴 한 번 본 적 없는 그 사람이 실제 나에게 관심이 있을 리 없다. 우리가 익숙한 건 그가 아니라 그의 이름과 아이디일 뿐이다. 풍요 속 빈곤이랄까? 그렇게 우리는 고독해진다. 차라리 그 수많은 온라인 친구 중 한 명을 실제로 만나 보는 게 백번 나은 선택이다.

쿨병에 대하여
관계를 회피하고 싶은 유혹

전 세계에서 오직 한국인과 일본인만 신뢰한다는 혈액형별 성격유형. 생각보다 이에 대한 신봉자가 많다. 굳이 이 분류법의 신빙성에 대해 설명할 필요는 없어 보인다. 아마도 당신의 혈액형이 AB형이나 A형이라면 이 분류법이 싫을 것이고, B형이라면 애초에 관심이 없을 것이며, O형이라면 좋아할 것이기에 그렇다. 이미 옳고 그름의 문제를 떠났다.

우리가 좋아하는 인간상, 열망하는 인간상은 두말할 나위 없이 O형 인간이다. 따뜻하고 열정적이고 쾌활하며, 무엇보다 '쿨한' 인간. 한국인의 혈액형 비율 중 가장 많은 비율을 차지하는 A형이 워너비가 되지 못하는 것은 바로 이 '쿨함'의 결여 때문이 아닐까?

A형은 성격이 '예민하다'고들 한다. 그리고 이 '예민함'은 부정적 이미지로만 해석된다. 질척거리고, 깐깐하고, 쓸데없는 것에 반응하고, 주변 사람들을 피곤하게 하고…. 그러나 그런 면모를 부정할 수는 없다 해도, 다르게 생각해 보면 '예민함'이란 그만큼 타인을 잘 배려하고 고려하며 세심하게 신경 쓴다는 의미이기도 하다. 그렇다. 예민하다는 것은 나쁜 것만은 아니다.

반대로 '쿨하다'는 것이 마냥 좋기만 한 것일까? '쿨함'은 기본적으로 '무관심'을 전제될 때 가능하다. 무언가에 '관심'을 가지고 감정을 투여하는 데 마냥 쿨할 수는 없다. 그럼에도 이러한 '쿨함'이 좋게 이미지화된 것은 오늘날의 시대상 때문인 것 같다. 요즘은 서로 너무 많은 기대를 투영을 하지 않는 관계, 기브 앤 테이크로 깔끔하게 떨어지는 그런 '계약' 관계를 선호하기 때문이다.

특히 젊은 세대에게 '쿨함'은 인격에 있어서의 필수덕목이다. 그렇게 소위 '쿨병'에 시달린다. 하지만 그것은 '가면'에 불과하다. 자기 자신을 그대로 받아들이기가 어려워서, 또한 관계에 실패하게 될까 봐 두려워서 할 수 없이 매몰되는 '병'일 뿐이다. 쿨하지 못해 미안할 필요는 없다. 그건 당신이 건강한 인간이라는 증거이니. 조금은 더 질척거리고 예민해도 된다. 그게 사람이고 사람냄새다. 하나님은 쿨하게 우리를 떠나보내지 않으셨다. 나는 그분의 질척거리고 예민한 부분이 좋다.

Part 7.

힘

어머! 저건 꼭 사야 해!
더 많이 소유하고 싶은 유혹

누구나 자신만의 루틴이 있을 것이다. 나의 루틴 중 하나는, 인터넷 서점에 들어가 보는 것이다. 그러다 우연히 기다렸던 중고책이 나온 것을 발견하면, "어머! 저건 꼭 사야 해!"라고 외치며 일사천리로 결제해 버린다. 그렇게 결제가 끝나고 나면 무언가 말로 설명하기 어려운 엄청난 쾌감이 몰려온다.

그런데 솔직히 고백하면, 그 책들 다 못 읽는다. 내가 책을 구입하는 이유는 지식욕구 때문일 수도 있지만, 사실 지적 허영심도 크다. 가끔 무기대용으로 사용할 수 있는 1000페이지짜리 벽돌 책들을 구비하여 전시해 놓으면 왠지 모르게 어깨가 올라간다. 책이 아무리 좋은 것이라 해도, 때로는 소유욕을 담는 그릇이 될 수 있다. 이런 나의 본심을 인정했던 어느 날, '이 굴레로부터 벗어나리라!'라는 다짐과 함께 많은 책들을 헐값에 판 적이 있다. 그런데 어느덧 다시 쳇바퀴를 굴리고 있다.

인간의 소비는 많아지기는 쉬워도, 줄어들지는 않는다. 술, 담배만큼 고치기 힘든 게 소비습관이다. 그렇게 소비 수준이 결정되어 버리면, 사람은 미래보다는 현재의 소비 수준을 유지하는 데 더 집중하게 된다. 어쩌면 돈, 즉 소유에 관한 유혹의 가장 큰 문제는 미래와 내면의 이야기에 집중하지 못하게 만드는 데 있는 듯하다.

예수님은 "너희가 하나님과 재물을 겸하여 섬기지 못하느니라"라고 말씀하셨다. 심지어는 "낙타가 바늘귀로 들어가는 것이 부자가 하나님의 나라에 들어가는 것보다 쉬우니라"라는 희대의 비유를 남기신다. 소유욕에 빠진 사람은 도무지 하나님 나라를 찾기 어렵기 때문에, 아니 찾지 않기 때문이다. 그래서 바울 역시 탐욕에 대해 언급할 때, '하나님 나라를 상속받지 못한다'라는 가장 위협적인 표현을 사용한다. 그만큼 강력하기에 충격요법을 쓰는 게 아닐까?

사람들은 자신이 '돈'을 이용한다고 생각한다. 하지만 그렇지 않다. 돈이 사람을 이용하고, 이용할 사람을 필요로 한다. 그리고 이러한 '탐욕'은 늘 우상숭배의 죄와 연결된다. 즉 돈을 우상처럼 섬기는 것이다. 예수님도 '재물'과 '하나님'을 동등한 선상에 두고 비교하셨다. 물론 돈 그 자체에 무슨 능력이 있겠는가? 사람이 그것을 믿어 주기에 고작 물질인 그것이 인격화되는 것이다. 그렇게 사람은 돈의 지배를 받는다. 돈의 부재 앞에 두려움을 느낀다. 자기는 절대 넘어가지 않는다며 호언장담하던 수많은 이들이 돈 앞에 속수무책으로 넘어졌다.

소유는 너무 많아도 유혹이요, 너무 적어도 유혹이다. 너무 많으면 하나님을 등지고 물질에 인격을 불어넣어 스스로 그 앞에 조아리는 우상숭배로 나아가기에 유혹이다. 너무 적으면 하나님을 너무 쉬이 원망하고 나쁜 존재로 바라보기에 유혹이다. 그런데 사실 우리가 가난하지 않은 적이 있었던가? 우리는 늘 부족하다고 생각한다. 그래서 돈 문제에서만큼은 하나님께서 아무리 잘해 줘도 늘 삐질 수밖에 없다. 우리는 결단코 일용할 양식에 만족하는 존재가 아니기 때문이다.

돈이 두려운 이유는 우리가 그것에게 주권을 주었기 때문이다. 하지만 이 세상 그 어떤 권세도, 그 어떤 사람도, 그 어떤 자리도 나의 주권을 갖고 있지 않다.

어떻게든 인정받고 싶어
자신의 영광을 추구하고 싶은 유혹

있는 모습 그대로, 있는 모습 그대로, 있는 모습 그대로 오세요. 하나님은 당신이 있는 모습 그대로, 있는 모습 그대로 오시길 원하십니다.

단순한 가사이지만 많은 죄인들의 눈물샘을 자극해 온 참 뭉클한 찬양이다. 하지만 '있는 모습 그대로'라는 말은 찬양 가사로 들을 때는 감동이지만, 사실 우리네 세상에서는 좀처럼 찾아보기 힘든 논리다. 우리에게 익숙한 논리는 빨리 고쳐서 인정받으라는 것이다. 그래서 우리는 외모든 성격이든 재빨리 고쳐서 사람에게 인정받으려 한다. 심지어 하나님께도.

이 구도 속에서 등장한 것이 일명 '고지론'이다. 사회적으로 높은 위치, 즉 부나 명예에 있어 '고지'에 올라가면 많은 이들에게 선한 영향력을 미칠 수 있다는 것이다. 그러나 이는 사람들의 인정을 열망하는 우리네 욕구와, 동시에 하나님으로부터도 뭔가 인정받아야 한다는 오해가 합쳐져 탄생한 괴물이라 생각한다. 물론 높은 위치가 주는 영향력을 굳이 부정하고 싶지는 않다. 당연히 일부러 가장 못난 자리에 머물 이유는 없다. 그러나 '고지론'에 쉽게 넘어가는 대다수의 사람들의 관심사는 솔직히 하나님의 영광에 있지 않다. 그것은 그저 신앙적인 수식어일 뿐, 최종 목적은 자기의 인정욕구 발현이다.

맡겨진 삶을 열심히 살다가 자연스럽게 얻게 된 성취를 주님이 하셨다고 고백하는 사람이라면 몰라도, 처음부터 하나님의 인정뿐 아니라 사람의 인정도 포기하지 못하겠다고 고백하는 사람은 가망이 없다. 사실 그는 자기증명욕구가 더 강한 사람이다. 물론 그런 사람은 세상에서 성공할 가능성이 더 크다. 하나님 앞에서도 '성공욕구'를 숨길 수 없을 정도의 사람이기에 어떻게든 결실을 거둔다. 허나 그 성공에 대해 타인들 앞에서는 그럴 듯하게 간증할 수 있을지 몰라도, 사실 하나님께는 전혀 감사하지 않을 것이다. 이 모든 것을 자기가 했으니까. 이건 내 것이니까.

C. S. 루이스의 「스크루테이프의 편지」(홍성사)에 나오는 이야기다. 어느 날 조카 악마 웜우드가 삼촌 악마 스크루테이프에게 묻는다. "삼촌, 똑똑하고 잘사는 사람들을 속이려면

어떻게 해야 할까요?" 그러자 스크루테이프는 이렇게 대답한다. "귀에다 대고 열심히 살라고 속삭여 줘. 그들은 스스로가 매우 똑똑하다고 생각하기 때문에 적당히 즐기며 살라거나 여유 있는 삶을 살라는 식의 말은 절대로 통하지가 않아. 대신에 그들에게 목표를 정해 주고 그것을 향해 쉬지 말고 달리라고 말해 주면 돼. 그러면 우리가 굳이 무엇을 하지 않아도 그들 스스로 파멸하게 될 거야."

하나님께 영광을 돌린다는 것에 대해 논하는 것은 참으로 어려운 일이지만, 그럼에도 가장 확실한 사실은 그것은 미래의 것이 아니라 현재형이라는 것이다. 물론 그때 가봐야 알겠지만, 지금 주님을 위해 전적 포기와 헌신을 할 수 없는 사람은, 분명 나중에도 할 수 없을 것이다.

뫼비우스의 띠
돈으로 무엇이든 해결하려는 유혹

영화 〈기생충〉은 그 수준 높다는 깐느 영화제에서 황금종려상을 받았고, 심지어 아카데미에서 작품상을 포함하여 4관왕을 수상했다. 빈부격차라는 구도 속에서 메시지를 전달하는 이 영화에서 유독 시선이 가는 메시지가 있다. "선을 넘지 마라." 선만 넘지 않으면 서로 나이스하게 지낼 수 있다. 다만, 선을 넘으면 안 된다. 그런데 인위적으로 막을 수 없는 천박한 냄새가 자꾸만 선을 넘는다. 그러다 그 냄새를 풍기던 인간도 그 선을 넘게 된다. 영화에서는 계속 '선'이라는 말이 나오는데, 그 선을 가르는 가장 명확한 기준은 '돈'이다. 현실도 마찬가지.

우리 부부는 아이들의 세뱃돈과 용돈을 따로 저축해 둔다. 어느덧 통장에 많은 돈이 쌓인 유치원생 딸은 가끔 나의 텅

빈 지갑을 보고 "아빠! 돈이 이것밖에 없어?"라고 말하며, 자기 돈으로 뭘 사 주겠다고 한다. 그럴 때면 뭉클한 마음이 생긴다. 하지만 여기서 중요한 것은 아직 '자본주의'라는 단어를 모르는 이 코찔찔이 아이도 '자본주의'의 본질적 원리를 알고 있다는 사실이다. 돈이 없으면 아무것도 살 수 없다는 것 말이다. 그리스도인 역시 하나님이 계시다는 믿음 이외에 또 다른 믿음을 갖고 있다. 바로 '돈이 있어야 살 수 있다'는 믿음이다.

요즘은 과거보다 절대적으로는 더 풍족해졌으나, 오히려 상대적 결핍을 더 크게 느끼는 시대다. 그래서인지 오히려 '돈'에 대한 불안함이 과거보다 더 편만해진 것 같다. 자신의 삶이 언제 침수될지 모른다는 불안이 늘 우리를 사로잡는다. 미래를 상상하는 능력은 하나님이 인간에게 주신 은총이요, 종말에 이루어질 하나님 나라를 소망하게 하는 축복이나, 현대인들에게 이것은 염려와 불안으로 이어지는 저주의 능력이 된 듯하다.

기묘하다. 어느 시대보다 돈 생각을 많이 하는 현대인들이 과거 어떤 세대보다 더 불안하다. 그래도 과거에는 인간의 현실적 문제를 눈에 보이지 않는 것을 통해 해결해 보려는 노력과 그에 대한 존중이 있었다. 그러나 자본주의 사회에서는 염려와 불안이 '돈'으로부터 왔음에도 불구하고, 이에 대한 해결책으로 또 '돈'을 내놓는 것 같다. 돈 때문에 염려를 얻고, 돈으로 불안을 메우는 것이다. 미래의 가치를 현재에 사 놓는 유일한 수단이 돈이다. 마치 뫼비우스의 띠 같다. 그런데 대안이 없다.

'돈'의 충족으로 '돈'에 대한 불안을 메우려 하는 것은 엄청난 유혹이자 자충수다. '돈'의 충족은 '여유'를 줄지는 몰라도 '자유'를 주지는 못한다. 무언가를 얻고 나면 또다시 더 나은 것들에게 시선이 가기에, 그것들이 불안의 자리를 대신 차지하게 된다.

내 몸의 냄새를 잠재우는 것은 또 다른, 혹은 더 강한 냄새가 아니다. 그것이 샤넬 No.5 향수이든, 고기 냄새이든 관계없다. 냄새를 잠재우는 것은 단언컨대 '세탁' 말고는 없다. 그 세계관에 나도 모르게 휘감겨, 돈 때문에 생긴 불안과 염려를 또 돈으로 해결하려는 답도 없는 뫼비우스의 띠로부터 한 걸음 물러나 보자. 이 악순환의 고리의 정체에 대해 확인할 필요가 있다. 눈에 보이지 않는 하나님의 세탁과 향내가 우리를 감싸길 바랄 뿐이다.

그리스도인의 리더십
하나님의 이름으로 지배하려는 유혹

예배 시간에 누군가가 계속 졸거나, 늦거나, 혹은 시선을 빼앗는 행동을 할 때, 이를 꾸짖으며 적극적으로 반응하는 예배인도자들이 있다. 전에는 이러한 꾸짖음을 '하나님께 드리는 예배'를 수호하고자 하는 마음에서 비롯된 거룩한 분노라고 생각했었다. 그런데 어느덧 목사가 되어 지속적으로 예배인도를 하다 보니 이제는 조금 달리 보인다. 진정 예배를 소중히 여기는 마음에서 비롯되기도 하겠지만, 솔직히 앞에서 예배를 주관하는 '자신의 존재감'이 무시되는 것에서 비롯된 분노 표출이 클 때가 있는 것 같다. 그러나 '예배인도자'도 결국 한 명의 '예배자'일 뿐이다. 만약 아버지 앞에서 어떤 자녀가 다른 자녀에게 너무 쉬이 성을 낸다면, 과연 누가 더 예의 없는 것일까?

목사들의 목사라 불리는 유진 피터슨은 「목회자의 소명」(포이에마)이라는 책에서 이렇게 말한다.

> 기독교 신앙은 오래 전부터 평신도로서건 목회자로서건 지도자의 자리에 서는 것은 위험한 일이라고 말해 왔다. 그 사실을 입증하는 증거도 많다. 리더가 필요하기는 하지만 리더가 되는 사람에게는 화가 있을 것이다. 리더십을 취할 생각만 해도, 소박하게 살짝 관여만 해도, 전에는 접근할 수 없었던 죄의 가능성들이 즉시 모습을 드러낸다. 그런데 이 새로운 죄의 가능성들은 죄라는 걸 알아보기가 무척이나 어렵다. 전부 미덕의 형태로 다가오기 때문이다. 방심하는 사람들은 자신이 미끼를 무는지도 모르고 주를 섬기기 위해 이 새로운 '기회'를 받아들인다. 하지만 그 기회가 약속하는 것 같았던 결과는 이내 저주였음이 드러난다.

꼭 목사의 이야기는 아니다. 교회, 기업, 가족 그 어디에서든 크리스천의 이름으로 리더십을 발휘하는 모든 이들이 쉽게 넘어갈 만한 유혹이다. '하나님'을 명분으로 자신의 통제욕과 권력욕을 맘껏 발휘하는 것이다. 다만 이를 정당화하기 위한 용어가 전부 기독교적 용어라 너무 쉬이 속아 넘어가는 것이다. 이미 한 몸을 이루었기에 분리해서 생각하기 어렵다.

누가 봐도 더 높은 위치에 있는 사람이, 누가 봐도 불합리한 결정을 통보하며, "기도해 보고 결정해 보세요!"라고 말한다. 말하는 자신도 받아들이는 이가 당황스러우리라는 것을 잘 알고 있다. 그래서 그런 신앙적인 용어로 소위 '토스'하는 것이다. 국가대표 배구 선수 급이다. 싫은 소리와 결정의 주체를 하나님께 미루는 것은 고약한 짓이다. 가만 보면 꼭 좋은 말은 자기 권위로 하고, 나쁜 말은 하나님 이름으로 한다. 그런 약은 리더십을 지닌 사람들은 평소에는 새벽기도에 잘 나가다가도 이런 식의 결정을 할 때는 고민하며 기도하지 않는다.

진정 크리스천다운 리더십의 소유자는 상대에게 부담스러운 선택을 요구할 때, 그냥 미안하다고 말하며 상식적인 설명과 함께 자기 말로 지시할 것이다. 아니면 인간적으로 밥도 사 주며 정중히 부탁할 것이다. 혹여나 주님 주신 마음이 분명하다 하더라도 상대를 힘들게 할 수 있다면 이러한 배려를 해야 한다. 반대로 감사와 고마움을 전할 때, 혹은 선행을 베풀 때는 그게 아무리 기도하지 않고 결정한 것이라 하더라도 그때야말로 하나님의 이름으로 한 것이라고 말할 필요가 있다. 왕이신 그리스도께서는 왕적 존재감을 스스로 드러내지 않으시고, 도리어 섬기셨다. 발을 씻기셨다. 리더라는 자리를 신앙적 용어로 포장할 이유는 없다. 좋은 그리스도인이 좋은 리더도 될 것이다.

Part 8.
신앙

내가 보면 꼭 지더라
음모론에 몰입되려는 유혹

"내가 보면 꼭 지더라! 그래서 안 봐!" 국가대표 축구 경기를 앞두고 종종 듣는 말이다. 물론 본인도 그게 말이 안 된다는 것은 알지만, 실제 그런 사례들이 반복되다 보니 저리 말하는 것이다. 그 실패감으로부터 도망치기 위해 나도 모르게 음모론적 사고를 만들어 내는 것이다.

이러한 패턴은 '집단'으로도 확장된다. 세상에는 신기한 논리와 혹할 만한 증거를 갖고 설명하는 음모론이 참 많다. 공상적 희열감을 제공하는 UFO 같은 것들로부터 프리메이슨에 이르기까지. 2002년 월드컵 때는 일본발, 혹은 우리에게 진 국가로부터 '심판 매수설'이 등장하기도 했다.

음모론은 본디 알 수 있는 정보의 제한에 대한 반동으로 형성되는 것이다. 그런데 스마트폰으로 누구나 쉽게 정보를 검색할 수 있는 이 현대 사회에서조차 음모론이 종종 득세하는 이와 같은 현실은, 이것이 정보의 양과는 관계없는 인간의 본성임을 증명해 준다. 즉 음모적 상상을 통해 어떤 욕구를 해소하고자 하는 것이다. 그것은 무슨 욕구일까?

「증오」(황금가지)라는 책의 한 부분이다. "음모론은 존재의 나약함을 받아들일 수밖에 없을 때 그 대안으로 생겨나는 것이다. … 저녁 뉴스를 채우는 비극에 대해서 누군가는 책임을 져야 한다. 누구에게는 일어나고 누구에게는 안 일어나는, 우연히 발생하는 비극적인 사건에는 어떤 음모나 목적이 있어야만 하는 것이다. … 비극은 그냥 일어나는 것이 아니라 누군가에 의해 일어나는 것이다. 우리의 비극을 유발한 사람이 있다면 그들이 바로 우리의 적인 것이다. 이제 남은 것은 적을 정해 처리하는 일뿐이다." 즉 개인이든, 집단이든 음모론의 실체는 똑같다. 실패회피 욕구, 그리고 이를 뒷받침할 논리설명 욕구 때문이다.

정도의 차이일 뿐, 우리는 어느 정도 음모론적 경향을 갖고 있다. 자신의 삶을 돌아보라. 남의 생각과 의도를 호도하고 잘못 받아들이는 경우가 얼마나 많은가? '내 말에 상처받은 거 아니야?' '나 싫어하는 거 아니야?' '내 연락을 피하나?' '눈빛이 이상한데?' 그때그때의 기분과 정황 파악만을 가지고 오해할 때가 너무나 많다. 우선 자기를 그렇게까지 높게 평가하지는 말라. 내가 남의 삶에 크게 관심이 없듯, 남도 내 삶에 그렇게까지 관심을 갖지 않는다.

그리스도인은 음모론에 더 취약하다. 앞에서 말했듯이 음모론은 실패회피 욕구와, 실패의 상황을 설명하고자 하는 '논리' 소유 욕구 때문에 생긴 것이다. 그런데 그리스도인들에게는 그 '논리', 즉 음모의 대상을 투영할 아주 좋은 존재가 있지 않은가? 바로 하나님 말이다. 이런 생각을 해본 적 있지 않은가? '내가 그런 선택을 하지 않아서 하나님이 내게 벌주시는 것이다.' 분명히 말한다. 생각보다 하나님은 당신의 선택에 크게 관심이 없으시다. 아니, 하나님의 관심은 당신 자체다.

또 다른 음모론의 희생자가 있다. 이상하게 듣지 않았으면 하는데, 그 희생자는 바로 '마귀'다. 물론 마귀는 인간을 하나님의 주권으로부터 이탈시키기 위해서라면 음모를 넘어 수단과 방법을 가리지 않는 악한 존재다. 그러나 가끔 억울할 때가 있을 것이다. 악으로의 모든 여정은 마귀와 관련되어 있지만, 마귀는 그 앞까지만 인도할 수 있을 뿐 선택하게 하지는 못한다. 악한 선택은 인간 본인이 하는 것이다. 그런데 우리는 너무도 손쉽게 마귀 탓을 한다.

더 큰 문제는 마귀의 역할을 나의 적대적 존재에게 투영할 때다. 예를 들어 '저 사람이 나쁘다'라는 인식이 들면, 그가 미워지고 싫어진다. 당연하다. 그런데 여기에 음모론적 상상력을 발휘해서 '그는 마귀에게 홀려서 마귀 짓을 하고 있다'라고 단정해 버리는 순간, 그를 이해하고자 하는 욕구는 차단되고 만다. 그 대상을 불쌍히 여기는 것이 아니라, 끊어 버리기 때문이다.

이런 개인적 기독교 음모론자들이 모여 특정 정권이나 이념, 기술, 지역 등을 '마귀'적 집단으로 해석해 버릴 때가 있다. 안타깝다. 경계하는 것은 좋지만, 가만히 보면 하나님의 선한 능력이나 역사를 주관하시는 능력에 대해서 너무 간과하는 것이 아닐까 싶다. 그래서 오히려 더 문제의 핵심을 비켜나가게 되는 것은 아닐까? 그러나 그러한 음모가 평범한 내 귀에까지 들려왔다면, 그것은 이미 음모가 아니라 '정보'라 할 수 있다. 기독교적 음모론, 개인의 음모론에 몰입되려는 유혹으로부터 벗어나길 바란다.

다시 축구 얘기를 해보자. 당신이 본다고 지는 게 아닌 것처럼, 당신이 안 본다고 이기는 것도 아니다. 그것은 당신의 느낌이고 판단일 뿐이다. 마찬가지다. 당신이 기도했다고 이기는 게 아닌 것처럼, 당신이 기도 안 한다고 지는 것도 아니다. 상대 나라 국민 중에서도 누군가는 승리를 위해 기도했다. 그저 교회 대항 축구를 한다고 모여서, 기도로 시작한 뒤 싸우지만 않았으면 좋겠다.

잠잠하라
악에 분노하지 않고 덮어 버리려는 유혹

전 세계적 열풍을 불러일으킨 BTS의 제작자 방시혁 씨는 모교인 서울대 졸업식에 연사로 초청받아 이런 말을 남겼다. "오늘의 저를 만든 에너지의 근원이 뭔지 곰곰이 생각해 봤습니다. 그것은 다름 아닌 '화', 즉 '분노'였습니다." 상식적이지 않은 음악 산업구조와, 정당한 평가를 받지 못하는 음악 종사자들, 그리고 소명 없이 그저 적당함에 젖어들려 하는 자신을 향한 말이었다. 분노가 무조건적인 악덕이 아니라, 세상을 바꿔 나갈 동력이 될 수도 있음을 천명해 준 역설적인 발언이었다.

그리스도인의 가장 큰 문제는 화를 너무 많이 내는 게 아니라, 어쩌면 너무 적게 내는 것일지도 모르겠다. 그리스도인은 악을 발산하는 뒤틀린 세상의 대안이 되어야 한다. 하지만 지금의 그리스도인은 지금 가진 것에 안주하려고만 하는 교회와 자신의 모습에 대해서 좀처럼 분노하지 않는다. 그러나 문제를 문제로 여기지 않거나, 교회의 덕을 위해 자신이 안고 간다는 메시야 콤플렉스에 빠진 이들이 많아진다면 오히려 한방에 무너질 수 있다.

예수님이 성전의 좌판을 뒤집어 엎으신 것은 단순히 성전에서 이루어지는 장사치의 상행위에 대한 분노가 아니라, 성전 권력에 매몰되어 돌아가는 기존 종교체제와 문제의식 없는 권력자들에 대한 상징적 분노였다. 물론 그러한 행위는 기존 체제에 대한 심각한 도전으로 여겨져 십자가형으로 이어지게 되었다. 그러나 결국 이는 구원과 교회의 탄생으로 귀결되었다.

자신이 희생한다고 생각하며 덮고 넘어갔던 수많은 이들에게 누가 감히 돌을 던질 수 있겠는가? 그러나 그 이후의 삶이 너무 고통스러울 때가 있다. 그렇게 넘어가면 악은 고마워하는 게 아니라 그렇게 참고 넘어간 이들을 모함하고 조롱한다. 때문에 악에 대해 분노하지 않는 것은 때로는 숭고하지 못한 신앙적 행위요, 인간이라는 존재에 대한 무지에서 비롯된 패착이다. 그것은 또 다른 악을 관용하는 결과를 낳을 수 있다.

냉철한 이성으로 분석하고 고민하여 판별해 낸 악. 그 악에 공의롭게 분노하지 않는 순응은 불의하다. 그러한 순응은 교회에는 회개할 수 있는 타이밍의 상실을 가져오며, 세상에는 대안의 상실을 가져온다. 그리고 개인에게는 지워지지 않는 상처로 돌아오기도 한다.

"주여, 우리에게 우리가 바꿀 수 없는 것을 평온하게 받아들이는 은혜와 바꿔야 할 것을 바꿀 수 있는 용기, 그리고 이 둘을 분별하는 지혜를 허락하소서." 라인홀드 니버의 이 기도문은 언제나 마음을 울린다.

합법과 불법 사이
적당히 불법과 타협하고 싶은 유혹

정직한 것과 능력이 좋은 것, 이 둘 중 어느 것이 더 중요할까? 문제를 바꿔 보겠다. 정직하지만 일을 잘 못하는 사람과 능력은 좋은데 뺀질거리고 조금 부패한 사람. 당신은 누구를 곁에 둘 것인가? 누구를 승진시킬 것인가? 아마 각자의 나이에 따라, 성향에 따라, 직장 내 위치에 따라 조금씩 다른 대답을 할 것이다. 하지만 그리스도인이라는 정체성으로 대답을 한다면 아마도 '정직'을 꼽지 않을까?

돈을 버는 방법의 구도는 '많이 버는 것'과 '적게 나가게 하는 것'의 조합인 것 같다. 그러나 그 둘은 보통 한 곳으로 수렴된다. '불법'과 '합법' 사이의 애매모호한 영역으로 말이다. '탈법'이랄까? 이 영역을 잘 활용하는 이들이나 회사가 돈을 잘 번다.

성도들과 대화하다 보면 내가 잘 알지 못했던 그들만의 현장 이야기를 듣게 된다. 특별히 수익이 실시간으로 반영되는 자영업자나 영업 현장에 있는 이들과의 대화는 나를 많이 돌아보게 했다. 좀처럼 현장에 적용된 적 없는 나의 신앙적 원칙. 반대로 현장에서 직접 부딪히며 겪는 그들의 애환. 이 대비 앞에 나의 무지와 좁은 식견이 확인되곤 했다. 나와 관계없는 가상의 공간에서 이루어지는 '개념'과 '개념'의 대결에서는 누구나 정의로운 편을 들 수 있다. 나는 더 그러했다.

그럼에도 불구하고 용인될 수 없는 지점들이 분명 있었다. 그건 '경영의 묘'가 아니라 '탐욕'이요, '합법'이 아니라 '불법'이었다. 단지 성직자의 옷을 입고 있느냐, 사업가의 옷을 입고 있느냐에 따라 발생하는 이견은 아니다. 사업가도 교회 사역자도 결국 같은 주님을 믿고 같은 성경을 보는 같은 그리스도인 아닌가?

누구에게나, 모든 상황에 적용될 수 있는 만능 기준 같은 것은 없다. 그러나 그리스도인으로서의 최소한의 원칙은 필요하다. 물론 너무 많은 기준을 세워 놓는 것은 스스로를 얽매는 것이고 지키기도 힘들다. 하지만 최소한의 신앙적 원칙이 없다면 그 당시의 유익에 따라 움직이게 된다. 아이러니하지만 유혹은 원칙과 기준, 정도라는 게 있을 때 존재하는 것이지, 그게 없다면 아마 '유혹'도 없을 것이다. 그냥 한 몸을 이룬 것이기에.

바로 지금이 기회야!
기회를 섭리로 해석하려는 유혹

인간에게는 평생 3번의 기회가 주어지고, 그 기회를 놓치지 않는 자가 '성공'을 이룬다는 말이 있다. 꼭 '3'이라는 숫자에 목숨 걸 필요는 없지만, 누구에게나 우연한 기회는 찾아오는 듯하다. 그래서인지 아무리 별들 날 없는 누추한 인생이라도 불현듯 주어질 '기회'에 대한 기대를 놓지 않는다. '희망'의 다른 표현이랄까?

그리스도인에게는 이 우연한 '기회'가 신앙적으로 해석되곤 한다. 사실 그리스도인에게 있어서 '우연'이란 존재하지 않는다. 이 세상의 모든 것은 주관하시는 하나님의 섭리이기 때문이다. 그런데 이러한 생각에서 한 발짝 더 나아가, 어쩌다 찾아온 순적한 타이밍과 기회마저도 너무나 쉽게 하나님이 허락하신 '숙명'으로 해석하는 경우가 있다. 알고 보면 그저 자기의 욕망일 뿐이었는데 말이다. 즉 그리스도인은 비그리스도인에 비해 '순적함'을 보다 더 호의적으로, 보다 더 신앙적으로 해석하려는 경향이 있다.

그런데 이러한 '순적함'에는 짝꿍이 있다. '터널효과'가 바로 그 주인공이다. 시선이 좁아져서, 멀리 보이는 출구만 보이는 심리 말이다. 특히 생존의 문제 앞에서는 사람의 시선이 극도로 좁아진다. 오직 '탈출'만이 목적이기에, 출구가 눈에 들어오면 좌우분별이 안 된다. 딱 그곳만이 '구원'의 자리로 보인다. 그 출구 바깥에 무엇이 있는지도 모르고 무작정 달려든다.

그러고 보면 우리 삶에서 중요한 결정을 해야 하는 타이밍은 대부분 뭔가를 간절히 원하는 때, 현재에 대한 불만으로 가득 찬 때, 그것이 내 인생에 굉장히 중요한 것이라고 해석하는 때에 찾아온다. 이상하지 않는가? 그때에 우리는 다음은 없을 수도 있다는, 그래서 이번이 마지막 기회라는 비장함에 휩싸여 갑자기 찾아온 순적함을 와락 끌어안는다. 신앙적 해석까지 가미하면 금상첨화다. 그런데 나에게 또 다른 기회가 오지 않을 수 있다고 여기는 것은, 나의 인생을 주관하시는 하나님을 믿기보다, 인생에는 오직 3번의 기회만 있다는 세간의 말을 더 믿는 것이 아닐까 싶다.

신앙이 있든 없든 매한가지다. 한번 생각해 보자. 우연한 기회를 조우하고 유레카를 외치듯 "이 여자(남자)다!", "이 직장이다!", "이 사람이다!", "이곳이다!"라고 외쳤던 그 모든 순간들…. 그런데 그때의 그 사람이 여전히 당신 옆에 있는가? 심지어 신앙적 당위성까지 부여했던 그때의 그 직장에 여전히 머무르고 있는가? 아직도 신적 섭리로 느끼며 감사하고 있는가? 아니면 혹시 떠날 날만 바라보며, 이제는 그곳을 연단의 자리로만 해석하고 있지는 않는가?

물론 하나님의 섭리를 구하고, 그분의 인도하심 앞에 반응하는 것은 신앙적인 행위다. 그러나 그에 앞서 충분한 숙고와 원칙이 필요하다. 하나님의 순적함인지 마귀의 유혹인지, 그리고 최소한 그것이 순적한 타이밍인지 터널효과의 유혹인지 돌아볼 필요는 있다.

Before & After
돈으로 변화를 사려는 유혹

우리가 아침에 일어나 잠들 때까지 가장 많이 접하는 광고는 무엇일까? 그 리스트 중에는 분명 성형이나 체형에 대한 광고가 많이 포함되어 있을 것이다. 광고가 많다는 것은, 그만큼 그것을 욕망하는 사람이 많다는 것을 의미한다. 이런 식의 광고는 거창한 카피를 필요로 하지 않는다. 'Before & After' 사진 두 장이면 된다.

여기서 가장 중요한 건 모델의 과거 모습이다. 그래서 'Before'에는 화장기도 없는 맨 얼굴이나 과도하게 살이 찐 모습을 배치한다. 즉 '과거'가 얼마나 참혹한 수준이었는지를 부각시키는 것이다. 반대로 'After'에서는 엄청나게 변화된 모습을 강조한다. 말끔히 메이크업한 얼굴, 화려한 조명으로 부각된 근육, 풍성한 모발 등. 과장이 들어가 있음을 감안한다 하더라도 엄청난 변화다.

결국 광고의 궁극적 메시지는 이런 것이다. 이 물건을 소유함으로써, 이 자격을 얻음으로써, 이 사람을 만남으로써, 이곳에 다녀감으로써, 이것을 배움으로써 당신은 분명 달라진다. 즉 광고는 '소유'가 아니라, 궁극적으로 '변화'의 이야기를 전달한다.

특히 모든 것을 상품화하는 이 자본주의 시대의 무서운 점은, 하다하다 이제는 눈에 보이지 않는 것들, 즉 성격이나 성향, 심리마저도 '구매'를 통해 '변화'될 수 있다는 메시지를 전달한다는 것이다. 그리고 이러한 메시지에 지속적으로 노출된 자본주의적 인간은 자신이 변화되지 못하는 이유를 결국 돈의 문제로 치환해 버린다. 또한 더 얻으려 뛰어들지 못한 '노력'의 문제로 귀결시킨다.

그나마 다행인 것은 연륜이 쌓이게 되면, 보이는 것에만 집착하는 인생에서 조금 벗어날 수 있다는 것이다. 하지만 연륜과 별개로 그리스도인은 이 굴레로부터 자유할 잠재력을 가지고 있다. 진정 당신이 그리스도인이라면, 자신의 'Before & After', 즉 예수 이전과 이후의 이야기를 확인해 보라. 그 '변화'의 이야기가 강렬할수록, 광고에 등장하는 '변화' 이야기가 하찮아 보인다.

광고는 단지 '출입문'만 소개할 뿐이다. 하지만 아무리 '문'

의 대단함을 설파해도, 정작 중요한 것은 문을 열고 들어갔을 때 펼쳐지는 그 안의 이야기다. '문'은 문 밖의 사람들도 꾸밀 수 있다. 그러나 문 '안'은 주인만 알고, 주인만 초청할 수 있다. 기독교에서 말하는 '변화'는 문 안의 이야기다. 그것은 인간의 노력과 열심으로는 결단코 이룰 수 없는 것을 이미 하나님께서 다 해결하셨다는 이야기로부터 시작한다. 고작 그 정도의 '변화'를 거머쥐어야 한다는 이야기가 아니라, 그분이 말도 안 되는 '변화'를 이루신 것을 그저 받아들이기만 하면 된다는 이야기다.

너는 다 계획이 있구나
미래에 대한 두 가지 유혹

우리는 정욕이라는 단어를 육체의 더러운 죄악을 말할 때 사용하지만, 성경은 그 이상의 뜻을 제시한다. 성경에서 말하는 정욕은 단지 "그것을 당장 가져야 한다"라는 의미이다. 이는 신체적인 욕구일 수 있고 영적인 욕구일 수도 있다. 정욕이 가진 원칙은 "당장 그것을 원한다. 하나님의 때를 기다릴 수 없다. 하나님은 너무 무관심하다"라는 것이다. 정욕은 언제나 이런 식으로 작용한다.

- 오스왈드 챔버스의 「죄와 구원」 중에서

어릴 때는 유학을 가고 싶었다. 잘 배워 와서 무너져 가는 한국 교회의 현실에 기여하고 싶었다. 그러나 이런저런 이유로 결국 유학을 가지 못하게 되었고, 그로 인해 분노하며 하나님께 항변하던 시절도 있었다. "아니, 내 유익을 위해 나가려는 것도 아닌데, 도대체 왜 이러십니까!" 그리 격동하던 감정도 시간이 지나니 점차 사라졌다. 그리고 이내 부끄러웠다. 나의 내적 동기를 직면하게 된 것이다.

나는 뭔가 남들과 달라야 한다고 생각했고, 다들 그렇듯 외국물도 좀 먹기를 원했던 것 같다. 또한 뒤늦게 확인했지만, 실제적인 나의 주권자였던 아버지의 그늘로부터 도피하고 싶은 마음도 컸던 것 같다. "나는 저 사람을 너무 사랑해서 결혼하는 거야"라고 말하지만, 사실은 가출하고 싶은 욕구 때문에 쫓기듯 결혼하는 경우도 있지 않은가?

영화 〈기생충〉에서 아버지는 아들의 계획을 듣고 "아들아! 너는 다 계획이 있구나! 나는 네가 자랑스럽다"라고 말한다. 그러나 모든 게 일그러지기 시작하자 이렇게 고백한다. "계획을 하면 반드시 계획대로 안 되거든, 인생이… 그러니까 계획이 없어야 돼, 사람은"이라고 말한다. 영화는 아버지의 예전 삶을 얼핏 비춰 준다. 계획을 세우며 잔뜩 기대했지만, 말도 안 되는 일 앞에 번번이 쓰러지고 말았던 그의 모습을.

딜레마다. 하나님께서 자신의 계획을 반드시 이루어 주셔야 한다는 강력한 주도성도 문제지만, 즉흥적인 역사만을 기대하며 손을 놓은 채 지극히 수동적으로 살아가는 것 역시 문제다. 두 가지 모두 양극단에서 우리를 잡아당기는 유혹이다. 그러나 주님은 양극단을 원하시지 않는다. '순종'은 그리고 '순리'는 그런 것이 아니다. 하나님의 손을 잡으려 하지 않는 '포기'도, 다 필요 없다며 자기 손을 스스로 잘라내 버리는 '포기'도 매한가지다. 그것은 '순리'가 아니라 '포기'다. 그것은 '결단'이 아니라 '유혹'에 넘어간 것이다. 주도권을 내어드리며 하나님의 때를 기다리되, 오늘의 열심과 미래에 대한 계획을 포기하지 않는 것. 오래 걸리겠지만 불가능하지 않다.

적당한 신앙, 적당한 구원
신앙과 삶을 분리하고 싶은 유혹

"적당하게 신앙생활을 하는 게 뭐가 문제야?"라는 질문에는, 이런 식의 매우 적당한 질문으로 응수하는 것도 나쁘지 않다. "적당하게 사는 건 무슨 문제일까?" 적당한 신앙에 왜 적당한 삶을 끌어오느냐 묻는다면, 신앙은 삶 그 자체이기 때문에 그렇다.

성경에서 말하는 '믿음'은 두 가지 양상을 가진다. 예수를 '구원자'로 믿는 것이 우선 하나의 양상이다. 다른 하나는 우리가 자주 놓치는 부분으로써, 다름 아닌 예수를 '주인'으로 받아들이는 것이다. 즉 우리가 예수를 '구주'로 고백한다는 것은 '구원자'이자 '주인님'으로 삼겠다는 의미다.

이러한 '주인 됨'의 고백 앞에 '적당함'이란 있을 수 없다.

적당히 일하는 '종'은 존재할 가치가 없다. 주인과 종의 관계를 피상적으로밖에 이해할 수 없는 우리에게는 너무 매몰차 보이는 설명 같지만, 주인도 아닌 고작 사장 앞에서도 적당히 일하지 않는 우리네 모습을 생각하면 도무지 변명의 여지가 없어 보인다.

자신의 삶과 신앙을 분리해서 생각하려는 것은, 즉 신앙을 여러 가지 영역 중 하나 정도로만 취급하려는 것은 거부하기 힘든 유혹이다. 마치 '학교'나 '회사'처럼, 신앙을 '교회'라는 기관에 속하는 것으로 해석해서 그리 여기는 듯하다. 그러나 '신앙'은 그러한 카테고리에 묶여 있지 않다. '연애'나 '가족'처럼, '관계'이자 '삶' 그 자체다. 적당히 사랑하고, 적당히 소속되는 가족이란 없지 않은가? 그것은 터전 자체이기 때문에.

또한 이런 생각의 기저에는 '다른 사람들도 다 그렇게 하는데'라는 의미가 넌지시 스며 있다. 한 인간이 제대로 성숙하기 위해서는 그저 보기만 해도 따라할 수 있는 누군가가 필요하다. 그러나 보고 배울 사람은 다 성경의 활자 속에만 있는 것 같다. '다른 사람'의 존재는 오히려 부정적 소요만 일으킨다. 그 다른 사람들을 토대로 신앙을 역이미지화해 보면, '적당하게 해도 된다'로 귀결될 가능성이 크다.

다른 사람을 기준 삼을 이유는 없다. 하나님께서는 나를, 그리고 당신을 부르셨다. 만약 '적당함'이 괜찮은 것이었다면,

예수님도 '적당히' 살다 돌아가셨을 것이다. 도무지 잠을 이유가 없는 존재들이었으니. 자기 일, 특히 생명과 관련된 일을 적당히 하는 사람은 없다. 나쁜 짓이나 적당히 하는 건 어떨까?

명확한 뜻
하나님의 기적적인 개입만을 구하려는 유혹

누군가 고민을 털어놓는다. "좋아서 선택한 전공인데, 졸업을 앞두고 고민입니다. 만약 취업하게 된다면 직종 특성상 주일을 못 지킬 가능성이 많은데, 어찌 해야 할지 모르겠습니다."

자연인으로서의 나라면 내 나름대로의 합리적인 기준을 가지고 선택하겠지만, 그리스도인으로서의 나는 하나님의 뜻을 묻는다. 지나고 보면 그렇게까지 고민하지 않아도 될 문제도 있었지만, 이처럼 중요한 선택과 결정의 순간들을 조우하게 될 때도 있다.

진로나 직업선택의 문제는 참 중요하다. 그런데 그보다 훨씬 중요한 문제도 있다. 연애, 아니 무엇보다 결혼이다. 이

주제에 대한 양극단의 반응이 있는 것 같다. 한쪽 극단에는 주님은 잠시 고이 접어두고, 그저 동물적 감각에 이끌려 이성을 만나고 결혼하는 사람들이 있다. 다른 극단에는 하나님이 적극적으로 개입해 주시기를 강렬하게 요청하는 사람들이 있다. 우리는 어떠한가? 우리의 선택과 결정, 그리고 하나님의 신적 개입 사이에서 무엇을 따르고 있는가?

지금도 주님께서는 기적적인 방편으로 누군가의 인생에 개입하신다. 그러나 그런 기적적 개입이 없다 하더라도, 자신의 현재와 신앙의 여정을 면밀히 살펴, 마땅히 해야 하는 바를 두려움 없이 선택해 나가는 것은 결코 잘못된 것이 아니다. 당신이 준비된 좋은 사람이라면, 모두가 동의하는 좋은 사람과 만나면 된다.

그 친구에게 조심스레 조언했다. 지도하는 목사님과 면밀히 대화하라. 당신보다는 훨씬 더 명확하고 바른 기준을 갖고 계실 것이다. 다만 그의 입을 통해 결정을 들으려 하지는 말라. 그의 말에 따랐다가 나중에 뭔가 잘 안 되는 것 같으면 괜히 그 사람을 탓하게 된다. 스스로 말씀을 기준으로 면밀히 분별하고, 기도하는 가운데 성령의 감동을 구하며 확인해 가라. 실패할 수도 있다. 괜찮다. 그러나 그 방향이 옳다.

겨울연가
인생 역전만을 기다리려는 유혹

회색빛 건물 안에만 머물다가, 잠시 거리를 걷다 보면 문득 계절의 변화를 느끼게 된다. 가을의 높고 푸르른 하늘, 살랑살랑 부는 바람, 화려한 단풍 색깔, 풍성한 열매들…. 그러나 이러한 것들도 이내 사라지고 만다. '겨울'이 오기 때문이다. 사람들이 가을을 타는 이유는, 하나둘씩 떨어지고 마는 잎사귀의 추락과 죽음이 마치 자기의 인생같이 느껴져서 그런 것 같다.

그렇게 불청객처럼 찾아오는 겨울 앞에서 누구나 그 소멸하는 것들을 자기만의 방식으로 애도하지만, 그렇다고 그 소멸 앞에 '두려움'을 갖지는 않는다. 누가 가르쳐 주지 않아도 봄이 온다는 것을 확신하기 때문이다. 이는 일종의 신앙적 믿음과 비슷하다. 비록 눈앞에 없는 미래이지만, 반드시 봄이 도래할 것이라는 믿음. 그래서 보이는 것들의 소멸과 냉혹한 추위가 그리 당혹스럽지 않다. 오히려 그 매서운 추위 앞에서도 어떻게든 이 긴 겨울을 보낼 방법들을 찾아낸다.

어떤 인생이든 겨울이 있다. 물론 유난히 추운 겨울도 있지만, 왔는지도 모른 채 지나가는 겨울도 있다. 하지만 확실한 것은 '겨울'은 분명히 있다는 것이고, 그 뒤에 반드시 '봄'이 온다는 것이다. 이건 누구도 토를 달지 않는 자연스러운 자연의 흐름이자 섭리다.

찾아온 겨울을 유독 심하게 겪는 이들이 있다. 어쩔 수 없는 상황과 환경의 조건들로 인해 그럴 수밖에 없는 이들이 있다. 누군가가 일부러 얼려 버린 듯한 그런 겨울 이야기를 들을 때면, 내 코끝도 시려온다. 그래서 자연스레 두 손을 모으게 된다. 나와 그의 온기를 위하여.

반면 어떤 이들은 스스로 문을 걸어 잠근 채, 겨울에 머물러 있으려 한다. 부정적인 감정에 계속 빠져 있으려 한다. 그 자리가 어느덧 제 집처럼 익숙하고 편해진 것이리라. 그러나 누구도 내 인생의 아픔을 쉽게 판단할 수 없듯, 누구도 내 인생을 대신 살아 줄 수 없다.

그리스도인들에게도 겨울은 찾아온다. 물론 이들은 뭔가 조금 다른 겨울나기 비법을 기대한다. 주님께서 내 퀴퀴한 인생을 한방에 역전시켜 주실 것이라는 기대 말이다. 틀렸다고 말할 수는 없지만, 도리어 한방에 전환될 것이라는 기대가, 오히려 자연스레 찾아오는 봄을 맞지 못하게 만들 수 있다. 이미 밖은 따뜻해졌는데, 여전히 이불 밖은 위험하다는 망상에 사로잡혀 마음의 문을 열고 나가지 못하는 것이다.

겨울이 오는 것은 자연스러운 것이다. 그 이후 봄이 오는 것도 자연스러운 것이다. 그게 우리네 인생이고, 그게 우리네 영적 여정이다.

신앙사춘기
모든 것을 부정하고 싶은 유혹

단지 조금 늦거나 조금 이를 뿐, 누구나 사춘기를 겪는다. 때로 사춘기 없이 지나갔다고 하는 이들이 있는데, 겪지 않고 지나간 게 아니라, 아직 겪지 않은 것이다.

사춘기는 언제 시작되는 것일까? 내 생각에는 모든 것이 가능할 줄로 알았던 부모가 나와 똑같은 하나의 인간임을 확인하는 때부터 사춘기가 시작되는 것 같다. 당연하던 것들이 더 이상 당연하지 않고, 모든 것을 부정적이고 염세적으로 보며, 누구의 조언도 개입도 거부하는 시기. 이 시기에는 주변인들뿐 아니라, 당사자마저 힘들다. 그럼에도 불구하고 사춘기는 성숙한 인간이 되기 위한 필수과정이다.

비슷한 예로 '신앙사춘기'라는 것을 생각해 봄 직하다. 신앙사춘기는 성숙하고 주체적인 신앙인이 되기 위해 반드시 필요한 과정이다. 부모의, 전통의, 기존의 당연하다고 받아들이던 신앙을 넘어, 근본적이고 주체적인 전환이 시작되는 때가 바로 신앙사춘기다. 이때는 사춘기와 마찬가지로 모든 것이 불편하게 느껴지고 모든 것을 부정하게 된다. 교회, 목사, 전통, 부모의 신앙이 다 헛것 같다. 괜찮다. 맘껏 부정하고, 비판하고, 회의해야 한다. 신앙사춘기를 겪는다는 것은 도리어 신앙이 분명 성장하고 있다는 증거다.

다만 그와 함께 유혹도 찾아온다는 것을 기억할 필요가 있다. 부정적 시각이 만성화되다 보면 근간까지 흔들려 버린다. 그러나 기억해야 할 사실이 있다. 부모가 있기에 사춘기를 지내는 내가 존재할 수 있는 것처럼, 기존의 것이 정말 다 헛것이었다면 복음이 나에게까지 전달되지 않았을 것이다. 개중 잘못된 것도 있겠지만, 모든 게 잘못되지는 않았다.

또 다른 위험성도 알리고 싶다. 중2의 사춘기와 달리, 사회적 위치가 있는 이의 세련된 사춘기 모습, 즉 논리 정연한 언어로 뭔가 주류를 부정하는 듯한 면모는 사람들에게 호감을 준다. 그러나 그것은 위험하다. 사춘기는 반항하고 의심하는 시간이지, 무언가를 책임지는 시간이 아니기 때문이다. 기반은 무너뜨리면서 정작 그다음을 책임지지 않는다면 공멸하고 만다. 사춘기는 여전히 가족 안에 속해 있을 때 받아들여지는 것이지, 밖으로 뛰쳐나가면 누구도 받아 주지 않는다. 옆집 아저씨가 내 사춘기를 받아 줄 의무는 없다.

당신의 영적 사춘기를 응원한다. 다만 거기에 계속 머물지 말고, 빨리 탈출하기를 바란다. 그리고 최소한 자신의 뿌리를 부정하지 않기를 바란다.

무기력하라고 보내셨겠죠
근사한 소명만을 추구하려는 유혹

간호사인 한 친구의 말이 아직도 귀에 맴돈다. "제 느낌인지 모르겠지만, 아이러니하게도 환자들 가운데 고통에 가장 취약한 분들이 크리스천인 것 같아요." 실제 타종교인이나 무신론자에 비해 그리스도인에게서 그러한 경향성을 쉽게 발견할 수 있다.

아마도 '고통', 특히 '죽음'을 은혜로부터 괴리된 자, 혹은 믿음의 부재로 인해 나음을 얻지 못한 실패자로 해석해 버리는 '승리주의 신앙' 때문인 것 같다. 때문에 그리스도인들은 고통을 자연스레 받아들이기도 힘들어하고, 거기서 잘 헤어나지도 못한다. 신앙 덕분에 힘을 얻는 것이 아니라, 신앙 때문에 도리어 어둠의 그늘을 헤매는 것이다. 더 큰 문제도 있다. 그렇게 자신의 고통을 잘 받아들이지 못하는 사람은 타인의 고통도 잘 공감하지 못한다는 것이다. 그 역시 '은혜'의 부재로만 해석하기 때문이다.

전혀 본질적이지 않은 일들 때문에 정신없이 살다 보니, 도대체 자기가 뭘 하고 있는지 모르겠다며 한탄하는 어떤 사역자의 이야기를 들은 적이 있다. 예전에는 참 밝고 따스하고 파이팅 넘치던 사역자였는데, 예전과 다르게 많이 무기력해 보였다. 지금은 그저 모든 것이 미안한 사람이었다. 가정에 미안하고, 사역에 미안하고, 성도들에게 미안하고…. 끝내 그는 한숨을 쉬며 "하나님께서 나를 왜 여기 보내셨는지 잘 모르겠습니다"라고 말했다. 그 말에 나도 모르게 "무기력하라고 보내셨겠죠"라는 말을 내뱉고 말았다.

그러고 보니 늘 좋은 곳, 의미 있는 곳에 가기 원하는 우리네 신앙적인 '기대'와 하나님이 우리를 부르시고 보내시는 '소명'은 많은 부분에서 충돌하는 것 같다. 하지만 충분히 무기력해지고 낮아지는 가운데 하나님을 의존하는 것도 꼭 필요한 신앙 연습인 것 같다. 절벽은 끝이 아닌, 일어섬을 위한 과정일 뿐이다. 또한 그렇게 정신없는 와중에서도 자신을 왜 보내셨는지, 즉 '소명'에 대해 끊임없이 묻는다는 것 자체는 적어도 그가 정말 훌륭한 그리스도인임을 드러내는 반증이리라.

물론 때로는 채찍을 드실 때도 있고, 더 성장하기 위한 과정의 일환으로 어려움을 주실 때도 있다. 그렇다고 해도, 그분이 직접 알려 주시지 않는 이상 우리는 알 길이 없다. '이유'를 알아야만 한다는 생각으로 인해 고통의 이유는 더 늘어나고 더 철저히 짓이겨진다. 거창한 이유 없이도 자신의 삶을 마주하는 것이 완숙한 삶의 지혜이자, 동시에 자신의 전 인생을 주관하시는 하나님에 대한 절대적 신뢰다.

말로는 뭐든 못하겠는가
다른 이의 삶을 쉽게 판단하려는 유혹

아내가 첫째 아이를 임신했을 때, 산부인과를 따라갔다가 '기형검사'에 대한 설명을 듣게 되었다. 처음에는 어차피 문제가 있더라도 낳을 것이었기 때문에 굳이 자세한 설명을 들으려 하지 않았다. 그러자 의사 선생님은 설명을 중단하고 두 가지 이유를 말해 주셨다.

우선 그런 기형 위험군이면 출산 전후에 산모도, 몸이 약한 아이도 미리 준비해야 하기 때문에 미리 설명하는 것이라고 하셨다. 이어서 본인이 진료했던 어떤 부부의 이야기를 들려주셨다. 기형으로 판명이 난 아기를 신앙적인 이유로 무조건 낳는다고 했던 어느 부부가, 출산 후에 어려운 현실에 봉착하여 결국 이혼을 하게 됐다는 것이다.

그렇다. 타인의 이야기가 내 이야기가 될 때에야 비로소 우리는 진지하게 그 문제를 성찰할 수 있다. 낳기로 한 결과가 달라지지는 않았겠지만, 그게 그렇게 쉽게 말할 수 있는 문제는 아니라는 사실을 깨달았다. 말로는 뭔들 못하겠는가? 우리는 "모두 주를 버릴지라도 나는 결코 버리지 않겠나이다"라고 말한 베드로가 24시간도 채 지나지 않아 가장 직접적으로, 가장 잔인하게 예수님을 버렸음을 알고 있다. 분명 그때의 그 말은 진심이었을 것이다. 그러나 '진심'이 꼭 '사실'이 되는 것은 아니다. 그때 가봐야 아는 것이다.

각종 집회에 참석하여 놀랍고도 신비한 체험을 경험한 사람들이 꽤 많다. 하지만 그렇다고 예배당 한 귀퉁이에서 무기력하게 잠잠히 두 손 모아 입술을 겨우 벌리는 촌부의 신앙을 무시할 수는 없다. 누군가의 배우자이자, 누군가의 부모이자, 누군가를 책임져야 하는 사람들. 고된 노동의 현장을 이탈하지 않고 살아가고 있는 사람들. 그럼에도 불구하고 예배당으로 나와 하나님을 찾는 사람들. 누가 이들을 무시할 수 있는가?

누구에게나 자기만의 사연이 있다. 아무리 통찰력이 넘치는 사람이라도, 한 인간이 다른 한 인생을 안다는 건 참으로 어려운 일이다. 때문에 우리는 이러한 자신의 한계를 인정해야 한다. 남의 인생, 남의 신앙, 쉽게 판단하기 어렵다. 앞으로의 일 역시 살아 보지 않고는 쉽게 말할 수 없다. 이런 한계를 지닌 인간의 최선은, 고작 서로를 불쌍히 여기는 것밖에 없어 보인다. 주님께서도 이런 우리를 긍휼히 여기셨기에 그 손을 놓지 않으셨다. 살아 보지 않고 쉬이 말하지 말자. 이미 다 살아내신 그분의 손을 붙잡고, 내 주변에 있는 누군가의 손을 그저 잡아 주는 것이 우리네 최선이다.

#51

사랑 뒤에 숨지 말자
불편함과 아픔을 회피하고 싶은 유혹

로마와 미국, 이 두 제국의 강대함의 근거를 '다양성'에서 찾는 이들이 많다. 다양성은 발전을 일으키는 힘이다. 물론 다양성은 크고 작은 사회 갈등을 낳기도 한다. 하지만 오히려 이런 다양성으로 인한 갈등들 때문에 나라는 더 건강해진다. 갈등들을 봉합하기 위해 사회적 합의 능력과 시민의 성숙도, 그리고 그만큼의 정치 제도가 발전되기 때문이다.

이는 개인도 마찬가지다. 위인으로 추앙받는 이들의 공통적인 덕목은 두말할 나위 없이 '소통력'이다. 그들은 상대방이 아무리 나와 다른 생각을 가지고 있더라도 귀를 기울인다. 편한 말만이 아니라 불편한 말에도 귀를 기울이고 진심으로 반응한다.

하지만 대부분의 평범한 사람은 부정적인 피드백을 받으면 자신도 모르게 얼굴색이 바뀐다. 불편한 것이다. 그래서 결국 내가 편하게 생각하는 사람들, 나를 좋아하는 사람들과만 어울리게 된다.

이런 우리네 경향성은 신앙 안에서도 어김없이 작용한다. 성경은 우리에게 좋은 말, 위로의 말만 하지 않는다. 부정하고, 실패하고, 넘어지는 것도 우리의 본성이기 때문에 반드시 싫은 소리를 해줘야 한다. 그러나 우리는 그런 소리를 듣고 싶지 않기에, 성경에 뻔히 존재하는 책망과 돌이킴의 메시지들을 회피한다. 그래서 성경의 '선지서'는 우리에게 언제나 낯설다. 거의 1/3 정도의 성경을 드러내어 던져 버리는 것이다. 우리는 하나님의 말씀을 '선택적'으로 들으려 한다. 하지만 그건 소통이 아니다. 이처럼 우리는 성경이 주는 메시지의 다양성을 존중하지 않는다.

또 살다 보니 조금 잘못 살아도 크게 문제되지 않는다는 것을 경험으로 알게 된다. 더 나아가 '하나님은 사랑이시다'라는 메시지 뒤에 숨어, 가끔은 무시무시한 신앙적 자기합리화를 발현한다. 그런 시각으로 책망과 훈계의 성경 메시지를 접하기에, 거기에 내 자리는 없다. 나는 하나님의 사랑받는 자이기 때문이다. 그리고 하나님은 그렇게 매몰차게 나쁜 소리를 하시는 분이 아니다.

물론 하나님은 사랑이시다. 그러나 사랑을 해보면 안다. 아픔 없는 사랑이란 없다. 아무리 비슷한 사람이라도 나와 다른 존재다. 진정 사랑하여 하나가 되려 한다면 아픔을 경험할 수밖에 없다. 선택적으로 만나고, 선택적으로 대답하고, 선택적으로 수용하는 사람을 두고 '사랑하는 관계'라고 말하지 않는다. 사랑에는 불편함이 있다. 나아가 아픔도 있다. 하나님도 그리 아파하며 우리를 사랑하셨다. 그 불편함과 아픔을 회피하려는 유혹으로부터 벗어나자. 그것은 몸에 좋은 쓴 약이자, 보다 더 온전한 그리스도인이 되도록 이끄는 과정이고 기회다.

#52

예수 믿으면 잘될 것이다
신앙과 성공을 연결시키려는 유혹

신실한 크리스천의 성공 간증을 듣는 경우가 있다. 분명 감동스럽지만, 때로는 우려가 된다. 이러한 간증들에 익숙해지면, 어느덧 신앙과 세속적 성공을 등치시켜 받아들이게 되기 때문이다. 예수 믿으면 잘될 것이라는 기대. 이 기대가 축적되면 이내 일종의 믿음이 된다.

신앙을 처음 가지려는, 혹은 오랜만에 재헌신을 결단하려는 사람은 지금까지의 가치관을 바꾸어 하나님의 뜻대로 결정하려 한다. 그런데 꼭 그런 이들에게는 뭔가 안 좋은 일들이 생긴다. 관계가 깨지고, 회사 업무가 폭주하고, 몸이 아프고, 재정적 타격이 생기고 등등…. 이런 얘기를 듣다 보면 마음이 좋지 않다. 오히려 눈에 보이는 것들도 형통케 해주셔야 계속 그렇게 갈 수 있을 텐데….

그러나 이런 어려움은 오히려 그가 잘 가고 있다는 반증일 수 있다. 하나님의 선하신 통치를 훼방하는 악이 분명히 존재하기 때문이다. 꽃이 피기 위해서는 먼저 겨울이 온다. 그럼에도 우리는 오류에 빠진다. 자신의 '기대'가 섞인 '믿음' 때문이다. '내가 이리 했으니 꽃길이 열리겠지'라는 기대. 그러나 성경은 무수히 많은 이들을 통해, 신앙의 여정은 '꽃길'보다는 오히려 '문제'의 연속이라는 것을 보여 준다. 동시에 그것은 하나님께서 내버려 두시는 증거가 아니며, 그 결과는 최종적으로 승리라고도 말한다. 그러나 힘겨운 현실과 상황으로 인해 부정적인 감정에 사로잡히게 되면, 사람의 시선은 극도로 좁아져 버리고, 결국 그분의 동행하심과 최종적 승리의 메시지를 잃어버리고 만다. 그렇게 한 그리스도인은 영혼의 깊은 밤에 들어간다.

아이러니하게도 이때 '기복신앙'과는 정반대의 유혹이 찾아온다. 하나님이 주시는 현실의 복을 거세해 버리는 것이다. 하나님은 눈에 보이지 않는 영적 영역, 손에 잡히지 않는 최후의 영역에만 관심이 있으시지, 지금 나의 먹고 마시는 문제에는 관여하지 않으신다고 생각해 버리는 것이다. 기대를 하지 않으면 실망도 없기에 그렇다.

이 역시 지나친 억측이다. 하나님은 그런 분이 아니다. 또한 그리스도인은 현재적 복을 외면하며 고고한 정신승리만을 꾀하는 이들도 아니다. 병을 치유하시고, 배고픈 자를 먹이신 예수님의 사역이 그것을 확증한다. 현재적 잘됨만을 위해서만 기도하는 것도 문제이지만, 그것을 배제하는 것 역시 동일하게 위험하다.

이를 성공과 실패의 구도가 아니라, 조금 다르게 볼 수 있으면 좋겠다. 하나님이 없는 사람의 불안감은 그대로 불안감으로 남는다. 그러나 하나님이 있는 사람의 불안감은 간절함으로 전환되고, 기도의 연료가 된다. 기도하게 만들려고 문제를 주시는 것은 아니지만, 세상의 악, 때로는 나의 악으로 인해 발생된 문제를 소통의 시간으로 바꾸어 나가신다는 사실 정도는 기억하자. 쓸데없는 유혹으로부터는 조금 편안해지리라. 늘 그렇듯 위기는 기회다.

이게 내 사명이다
자기 마음대로 사명을 단정하려는 유혹

"아! 이게 하나님께서 내게 주신 사명의 자리다!"라고 말하는 사람이 있다. 어떤 자리이든 하나님이 보내신 자리로 받아들이는 순명의 자세는 바람직하나, 현재의 결과만 보고 '사명'을 언급하는 것은 성급하다. 우리의 부화뇌동은 너무 짧은 시간, 너무 적은 정보로도 가능하기 때문이다.

소위 '자기 주도적 소명'은 확실치 않고, 때론 위험하다. 의심과 회의의 과정이 배제된 강제된 소명에 의해 움직이다가 쉽게 포기해 버리는 사람이 너무도 많다. 문제는 자기만 넘어지는 것은 상관없는데, 옆에 있는 사람에게도 피해를 주는 경우다. 회심하기 전의 바울이 그러했다. 회심 전 바울이야말로 잘못된 신적 소명으로 충만한 사람이었다.

알고 싶은 것이 진실이 아니라, 주어진 것을 받아들이는 것이 진실일 수 있다. 마찬가지로 '가고 싶은 자리'가 소명이 아니라 '주어진 자리'에 능동적으로 반응하는 것이 소명일 수 있다. 사실 특정한 '자리'나 '역할'에 대한 부르심보다 우선하는 것은, '나'라는 존재를 하나님의 자녀로 부르셨다는 '소명' 그 자체. 때문에 역할로서의 '사명'보다 이런 나를 불러 주셨다는 것과 살아가는 모든 곳이 하나님 나라라는 '소명'이 우선한다.

그곳이 사명지라고 생각하여 엄청난 기대를 쏟아부었다가, 쉴 새 없이 닥치는 환난 가운데 무너지는 경우가 얼마나 많은가? 또한 한곳으로만 한정했다가 나머지를 너무 쉽게 버려 버리는 경우는 얼마나 많은가?

사역은 사명이지만 가정은 사명이 아닌 것처럼, 교회봉사는 사명이지만 이웃에 대한 봉사는 사명이 아닌 것처럼, 어린이 사역은 사명이지만 노년 사역은 사명이 아닌 것처럼, 전도와 설교는 사명이지만 뒷정리는 사명이 아닌 것처럼 여기는 것. 이것은 큰 오해이자 심각한 신앙적 유혹이다.

지금 주어진 일상을 부르신 곳으로 여기는 훈련이 되어 있지 않다면, 특정 역할과 자리를 너무 쉽게 부름 받은 곳이라 여길 필요가 없다. 아니 그러지 말아야 한다. 지금 무엇을 해야 할지 잘 모르겠다면, 주어진 현장과 상황을 외면하지 않고 도전할 용기를 달라고 기도하자. 그런 간절함이 필요하다.

그들은 영웅이니까
신앙적 도전을 회피하고 싶은 유혹

"우리도 여러분과 똑같은 성정을 가진 사람입니다"(행 14:15, 새번역). 자신을 통해 기적이 일어나자, 자기를 신격화하려는 사람들을 향해 애절하게 외친 사도 바울의 말이다. 그러나 우리는 신약성경의 거의 반절을 기록한 이가 내뱉은 말임에도 크게 귀 기울이지 않는다. 오히려 바울 같은 이들을 여전히 특별하게 바라보는 데 익숙하다.

이것이 우리가 성경을 대할 때 가장 많이 빠지는 오류다. 성경인물들에 대한 존경과 동경을 넘어, 그들을 나와 전혀 다른 특별한 사람으로 규정하는 것이다. 특히 어려서부터 기적과 동행하는 성경인물 이야기를 많이 들어왔던 모태신앙들에게는 그 격차가 더 크다. 즉 그들과 나는 영이 다른 존재로 여기는 것이다.

구원의 서사를 알리는 성경은 사실 아담과 하와, 즉 창조와 타락, 그리고 예수님의 십자가 부활 이야기만 기록되어 있어도 의미상 충분하다. 그러나 성경은 거기서 그치지 않고 수없이 많은 다양한 인물들을 등장시킨다. 그 이유는 그들의 신앙적 영웅담을 들려주기 위해서가 결코 아니다. 그중에 하나쯤은 다름 아닌 '나의 이야기'이기 때문이다. 우리와 똑같은 성정을 가진 그런 인물들조차도 끝내 인도하여 복되게 하신 하나님의 역사를 보라고 기록해 놓은 것이다. 그에게 그렇게 하셨다면, 이런 나에게도 그렇게 하실 것이기 때문에.

그런데 우리는 자꾸 나와 그들을 분리시킨다. 분명 '나의 이야기'인데 '그의 이야기'로 끝내 버리는 것이다. 그 사람은 특별하니 그렇게 될 수 있었다고 결론지어 버린다. 그들의 신앙을 찬양하는 듯하지만, 사실은 자신을 그 이야기로부터 분리시켜 버리는 것이다. 이것은 '겸손'이 아니라, 신앙적 도전을 회피하려는 일종의 '유혹'이다.

인간은 자유를 갈망하고 독립하기를 원하지만, 그것은 표상에 불과할 뿐 실제는 무언가를 끊임없이 의지하기를 소망한다. 때문에 인간에게는 '우상'이 필요했고, 그 '우상'은 늘 모습을 바꿔가며 다가왔다. 아이러니하게도 인간은 눈에 보이는 숭배의 대상이 있어야 마음이 놓이고, 그것이 사라지면 굉장히 불쾌해한다. 때문에 입이 있어도 말하지 못하고, 귀가 있어도 듣지 못하고, 눈이 있어도 보지 못하는 신상을 찾는다. 그래도 눈에 보이고, 내가 찾아가 의존할 수 있는 대상이 있어야 안정감을 느끼는 것이다.

이런 맥락에서 우리는 쉽게 '사제주의'에 빠지곤 한다. 마치 돌로 만든 신상과 신전을 갈구하는 것처럼, 정갈하게 예복을 입고 나를 대리하여 하나님과 연계해 줄 제사장, 나와 전혀 다른 거룩한 제사장을 갈구한다. 그러나 그러려고 십자가가 존재했던 것은 아니다. 그러려고 하나님 자신을 드러내시는 계시인 성경이 존재하는 것은 아니다. 하나님께서는 휘장 너머의 당신을, 그 누구를 통해서가 아니라 직접 부르셨다.

주님이 원하시는 것은 좋은 목발, 좋은 휠체어와 같은 좋은 '사제' 의존이 아니다. 그분은 다른 무엇에 의존하지 않고도 주님의 은혜로 일어서서 자유롭게 걷는 자를 원하신다. 그리고 당신이 그 자유함을 온전히 누리며, 아직 제대로 걷지 못하는 타인을 부축해 주는 사람이 되기를 원하신다. 일어나 걸어라!

왜 내게 이런 일이
고통에 대해 쉽게 판단하려는 유혹

주변에 아픈 이들이 많다. 마음 얘기다. 나도 그런 아픔에 매몰되었던 적이 있었지만, 감히 명함도 못 내밀 정도의 씁쓸한 사연들이 더 많다. 얘기를 듣다 보면 함께 분노하고, 함께 울고, 때로는 함께 절망하기도 한다.

목사이다 보니, 하나님을 믿는다는 그리스도인들을 자주 만난다. 이게 딜레마다. 고통스러운 이들에게는 타인의 간증이 마치 자신을 괴롭히는 '이명'처럼 작용한다. 그러한 하나님의 전폭적인 일하심에 자기 자리에는 없으니 마치 하나님께 버림받은 것 같다.

몇 가지 오해가 좀 있다. 뻔한 얘기지만, 하나님이 약속하시는 '복'은, 우리가 흔히 '복'이라고 생각하는 그것과는 조금 다르다. 또한 하나님을 믿는다는 것은 당장의 인간성을 초월하는 것이 아님을 명심해야 한다. 즉, 예수를 믿는다고 해서 높은 곳에서 뛰어내렸을 때 아프지 않은 것은 아니다. 자연만물의 한 구성원인 인간의 삶에는 회피할 수 없는 자연스러운 고통이 이래저래 있을 수밖에 없다.

'인과응보' 의식은 우리를 피곤하게 만든다. 즉, 뭔가 잘못한 게 있어서 벌을 받고, 잘해서 상을 받는다고 생각하는 것이다. 뭔가 꺼림칙한 일을 했는데 안 좋은 일을 겪게 되면, "봐, 내 이럴 줄 알았어"라는 말을 꺼내 놓는다. 반대로 오늘 좀 선한 일을 하면, 어떤 대가를 갈구하게 된다. 또한 만약 누군가 큰 성공을 거두면, 과정을 보기보다 그저 그 사람 성취를 칭찬하고, 심지어 그가 믿는 자라면 그의 신앙도 덩달아 칭찬한다. 반대로 누군가 불행해지고 실패를 반복하면, 처음에는 위로할지 몰라도 뭔가 이유가 있을 것이라고 단정지어 버린다. 그게 우리네 습성이다.

물론 고통의 문제가 자기 자신으로부터 기인할 수도 있다. 하나님이 세상과 내 인생의 주권자이시고, 보응으로 대하시지 않는다면서 이게 무슨 모순되는 얘기냐고 반문할 수도 있겠다. 그러나 하나님이 우리의 죄의 무게를 기억하시지 않는다고, 나의 과거가 사라지는 것은 아니다. 하나님은 정체성의 변화를 일으키시지, '개조', 즉 내 과거를 삭제하시지는 않는다. 그건 이미 내가 아니다.

인간은 누구나 자신의 고통이나 타인의 비극이 왜 일어나는지 쉽게 판단하려 한다. 하지만 그 원인을 너무 쉽게 단정 짓는 것, 그렇게 확인된 이유를 자신에게 설득시키고 남에게 설명하려 하는 것 자체는 어찌 보면 교만한 일이다. 그 역시 세상만사의 원리를 내 손안에 통제하려는 죄성의 발현일 뿐이다. 그 원인은 나 때문일 수도, 그 때문일 수도, 세상 때문일 수도, 심지어 시험하시는 하나님 때문일 수도 있다. 아무도 모른다. 알 수도 없고, 안다고 달라지지도 않는다. 너무 큰 기대감을 투영한 나머지 하나님 탓을 한다면 너무 하나님께 가혹하고 잔인한 것 같다.

다만 늘 전쟁 뒤에 깨달아서 문제인데, 지나고 보면 그분은 잔인한 분이 아니라 잔인한 결과를 자신에게 돌리는 분이셨다. 인간의 죄의 문제를 자신에게 돌려 스스로 형벌하시며 십자가를 짊어지셨던 것처럼 말이다. 어쩌면 진짜 죽을 만한 것은 다 그가 짊어지시고, 감당할 만한 것들만 우리에게 다가오는 것은 아닐까? 우리가 시험받기 전에 이미 그가 시험받았다.

Part 9.

예수님이 받으신 유혹

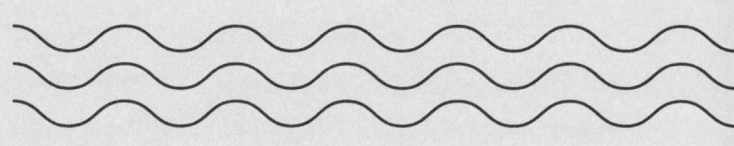

돌은 돌이요 떡은 떡이로다
내 마음대로 기준을 세우려는 유혹

마귀가 이르되 네가 만일 하나님의 아들이어든 이 돌들에게 명하여 떡이 되게 하라. (눅 4:3)

예수님이 드디어 세상으로 나오셨다. 그러나 꽃길이 아닌 시험이 먼저 다가온다. 그 시험의 주체가 마귀이기에 '시험'이 아니라 '유혹'이라 하는 게 맞다. 마귀는 예수님 앞에 세 가지 유혹을 내어놓는다. 우선 광야에서 40일 동안 아무것도 먹지 않아 굶주린 예수님을 먹을 것으로 유혹한다. 여기서 중요한 것은 '음식' 그 자체가 아니다. 중요한 것은 그 시점에 예수님에게 가장 필요하고 갈급한 물리적인 것이 바로 '떡'(빵 혹은 밥)이었다는 사실이다. 목이 말랐다면 '물'이었을 것이고, 먹을 게 채워지면 옷은 입고 계셨으니 아마 '집'이었을 것이다.

그러나 예수님은 유혹을 거절하셨다. '빵'으로 상징되는 물리적인 것이 무가치하거나 세속적이어서는 아니다. 가끔 먹고사는 문제에 몰두하는 것은 세속적이며 유치하다며 너무나 쉽게 단정 짓는 사람이 있다. 하지만 그것이야말로 정말 유치한 발상이며, 나아가 예수님을 무시하는 것이다. 예수님을 먹을 것으로 시험했다는 건, 먹는 문제가 그만큼 예수님께 위력을 가할 수 있을 정도의 것이었다는 반증이다. 그런데 "떡이 되게 하라!"는 유혹에는 어떤 복선을 깔려 있는 듯하다. 아마 이런 말이 아니었을까? "네가 원하는 대로 바꿔 버려라!" 무슨 의미인가?

예수님은 이후에 수많은 기적을 베푸셨다. 그러나 그 기적들의 면면을 살펴보면, 이미 하나님께서 그리 있으라고 창조하신 존재 자체를 임의로 바꾸지 않으셨다. 즉 돌은 돌로, 빵은 빵으로 존재하게 하셨지, 내가 지금 배가 고프고 나에게 능력이 있다고 해서 쉽사리 돌을 빵으로 만들지 않으셨다는 뜻이다.

시험을 앞두고 지혜를 달라고 기도할 수 있다. 그러나 "100점 맞게 해주세요. 이번 시험 꼭 합격해야 합니다"라고 기도하는 것은 조금 곤란하다. 누가 보면 내가 정해 놓은 답이 하나님의 답보다 더 선한 줄 알겠다.

예수님의 기적들은 어그러진 것, 결핍된 것을 채우시고 고치시고 회복시키시는 기적이었다. 결코 자신의 유익과 영달을 위해 기적을 시현하신 적이 없다. 그리고 결코 창조된 존재나 본질을 바꾸려 들지 않으셨다. 그런데 우리는 너무나 쉽게 내가 아닌 다른 존재가 되게 해달라고 요청한다. 그것은 "떡을 만들어 먹으라!"는 마귀의 유혹 언저리에 있는 욕구다. 나는 피조물이지, 기준을 세우는 자가 아니다. 그것은 하나님의 영역이다.

이 시대에 '기준'을 세우는 힘은 '돈'에 있다. 돈이 많으면 돌을 빵으로 바꿀 수 있다. 물리적으로 바꿀 수는 없을지 몰라도, 돌을 빵이라고 우기면 모두 수용해 준다. 그렇지 않은가? 아무리 못났어도 돈 많은 친구는 멋지다고 칭찬한다. 돈만 많으면 아무리 동생이라도 형이고 누나다. 그래서 예수님은 이 유혹에 단호히 대응하셨다. 예수님은 자기 필요에 의해 하나님의 기준을 바꾸지 않으셨다. 능력이 있어도 거절하셨다. 자신이 세상의 중심이 되어 기준을 세우려는 이 유혹을 과감히 거절하셨다.

그렇게 예수님은 돌은 돌로, 떡은 떡으로 살라는 하나님의 창조세계, 즉 일반계시를 존중하셨다. 그리고 이를 이겨내신 방법도 독특하다. 마귀의 유혹을 신비한 힘으로 내치지 않으셨다. 다만 "(성경에) 기록된 바"라며 응수하셨다. 나는 성경의 기준을, 하나님의 기준을 그대로 받아들일 수 있는가? 거기에 이 유혹을 이겨낸 비법이 들어 있다.

자유하라
주권을 넘겨주려는 유혹

마귀가 또 예수를 이끌고 올라가서 순식간에 천하 만국을 보이며 이르되 이 모든 권위와 그 영광을 내가 네게 주리라 이것은 내게 넘겨 준 것이므로 내가 원하는 자에게 주노라 그러므로 네가 만일 내게 절하면 다 네 것이 되리라.

(눅 4:5-7)

평소에도 음식에 대한 위시리스트가 있는 사람들이 있다. 그런 이에게 식사시간이나 메뉴를 고르는 시간은 기쁜 일일 테지만, 나같이 먹는 데 취미가 없는 사람이나 무엇인가를 결정하기 힘들어하는 사람들은 종종 식당에서 곤욕을 치른다.

우리는 자유에 대한 열망을 갖고 있다. 그러나 아이러니하게도, 정작 무한한 자유가 주어지면 오히려 움츠러든다. 어느 정도의 가이드라인이 없는 자유는 때론 자유가 아니다. 이런 것과 비슷하다. 하고 싶은 게 많다는 말은 사실 아무것도 하고 싶은 게 없다는 뜻일 수도 있고, 친한 사람이 많다는 말은 실상 마음을 나눌 사람이 없다는 뜻일 수도 있다. 구속받는 것은 싫지만, 막상 완전한 자유가 주어지면 당황스러우니 참 딜레마다.

우리는 '자유'가 제도적으로 보장되는 시대를 살고 있다. 그렇게 배웠고, 그렇게 보장되고, 그렇게 누리는 중이다. 공기처럼 자연스러운 것이기에 뺏기는 것에 대한 두려움도 크다. 그런데 이상하다. 이처럼 가장 자유한 시대를 살고 있는데도 우리의 불안은 계속 늘어나는 느낌이다.

예수님께 찾아온 마귀는 '천하만국'을 보여 주며 유혹한다. 문맥상 '천하만국'은 당대 천하의 주인인 '로마 제국'을 의미하리라. 결국 악마의 제안은 로마황제의 절대 권력을 넘겨주겠다는 유혹이다. 이 얼마나 가슴 뛰는 일인가? 모든 것을 내 맘대로 할 수 있는 절대권력, 이는 다른 말로 최고의 자유이리라. 악마에게 실제 그런 능력이 있느냐는 부차적이다. 그런데 예수님은 단호히 이렇게 대답하신다. "주 너의 하나님께 경배하고 다만 그를 섬기라 하였느니라." 여기서 중요한 말은 '다만'이라는 표현이다. 보다 정확한 번역은 '오직'이다.

다시 말하지만, 가이드라인 없는 자유는 야생이다. 그래서 두려움도 같이 찾아온다. 바로 이것이 자유를 찾겠다며 유일한 왕이신 하나님을 떠난 이후, 늘 무언가에 굴종하며 사는 인간의 현존이다.

역설적이게도 인간은 무언가를 믿지 않으면 자유할 수 없다. 마귀는 그 어떤 속임수를 써서라도, 하나님이 아닌 다른 무언가에게 주권을 넘기게 한다. 특히 '자유'라는 명목 하에 그러한 일을 꾸민다. 그러나 '좋은 것'으로 포장된 그 어떤 것도 인간을 자유케하지는 못한다. 진정한 자유는 역설적이게도 건강한 '예속'이 보장한다. 야생에서 홀로 생존하기 힘든 우리, 혹여나 육체적 생존이 가능하더라도 홀로 정서적으로 생존할 수 없는 우리 인간의 본모습을 바로 보자. 오직 세상의 창조자이자 주인이신 그분에 대한 믿음만이 우리를 자유케한다. "진리가 너희를 자유케 하리라"는 바로 그 말이다.

네 가치를 증명하라
비교를 통해 인정받으려는 유혹

또 이끌고 예루살렘으로 가서 성전 꼭대기에 세우고 이르되 네가 만일 하나님의 아들이어든 여기서 뛰어내리라.
(눅 4:9)

혹시 은퇴를 한 뒤에도, 생계와 관련 없이 뭔가를 계속 하려고 하는 어르신들의 모습을 본 적이 있는가? 그들은 생물학적 의미에서가 아닌, 사회적 의미에서의 '살아 있음'을 느끼고 싶어 한다. 보통 관계를 통해 살아 있음을 느끼는 게 정상이지만, 많은 이들이 자신의 역할과 일을 통한 인정에서 자신의 존재감을 느낀다. 이처럼 인정욕구는 누구에게나 자연스러운 것이다. 때문에 무자비한 유혹의 방편이 되기도 한다.

교회는 참 신비한 곳이었다. 한국교회에 복음이 전파되던 시기에 이 사회는 사농공상의 차별과 신분제의 악습이 여전히 남아 있었다. 그러나 복음은 이 벽을 무너뜨렸다. 신분의 귀천과 관계없이 그가 하나님의 자녀라는 이유로, 아니 하나님의 자녀가 아니라도 하나님의 형상이라는 이유로 사람을 아꼈고 세웠다. 섬기고 희생하는 이들을 출신에 관계없이 성경적 기준 아래 직분자로 세웠다. 그러나 이러한 환한 빛 아래 드리운 그림자가 있었으니, 교회 안에서 새로이 개편된 직분을 또 다른 위계로 받아들이고 이를 얻기 위해 노력하기 시작한 것이다. 섬김과 희생의 자리가 어느새 새로운 계급의 기준이 된 것이다.

그러다 보니 봉사의 양과 직분의 무게로 그 사람의 신앙을 판단하는 문화마저 생겨 버렸다. 그래서 가끔은 봉사를 통해 인정도 받고 직분도 소유하려는 유혹에 빠지곤 한다. 더 심할 경우에는 '종교중독'에 걸린다. 이는 종교적 위세를 통해 인정욕구를 충족시키고자 하는 심리적 중독 장애다. 불편하지만 엄연히 발견되는 현상이다.

인정욕구는 나는 저 사람과 다른 존재임을 확인하고자 하는 욕망에서 비롯된다. 하나님의 형상이자 그 자체가 작품인 사람은 본래 타인과의 비교 없이도 있는 그대로의 자기를 사랑할 수 있는 존재였다. 그러나 타락한 이후의 인간은 그 방법과 그 느낌을 잃어버리고 말았다. 그래서 고작 타인과의 비교를 통해 자신의 존재감을 느끼려 한다. 그렇게 위계가 만들어진다. 그렇게라도 해서 '살아 있음'을 느끼는 것이다.

마귀는 이러한 인정욕구를 자극하며 인간으로서의 예수님을 유혹하였다. "네가 만일 하나님의 아들이어든 여기서 뛰어내리라!" 이에 예수님은 "주 너의 하나님을 시험하지 말라 하였느니라"라고 대응하신다. 억지 기적을 요구하지 말라는 말이 아니다. '시험하는 자'와 '시험받는 자'의 우열관계는 분명하다. 즉 '시험하는 자'에게 권위가 있다. 즉 '능력'이 아니라 '우열'에 대한 유혹이다. 예수님의 답변은 굳이 그것을 증명할 이유가 없다는 것이다. 예수님은 그것을 굳이 타인에게 증명할 필요가 없었다. 증명하지 않아도 하나님의 아들이다.

얼마나 비루한가? 실제 가지지도 않은 권력을 가지고 평생 자기보다 높은 존재를 인정하지 못한 채 어떻게든 끌어내리려 모함하는 악마적 속성. 아무도 나를 못났다고 하지 않는데, 나보다 높은 곳에 누가 있다는 것을 참지 못한다. 그리고 누군가 나보다 위에 있다고 여겨지면, 자신은 못났다고 으레 결론짓는다.

"너는 내 사랑하는 아들이라 내가 너를 기뻐하노라." 예수님이 세례를 받으셨을 때, 성부 하나님으로부터 들었던 말이다. 이는 예수가 메시아라는 확증인 동시에, 그 이름으로 세례를 받게 되는 모든 인간에 대한 신분증명이리라. "너는 내 아들이다, 내 딸이다"라는 하나님의 인증만으로도, 우리네 가치증명은 끝이다. 더 필요하지 않다.

에필로그

다이어트를 해본 적이 있는가? 건강을 위해서든, 미용을 위해서든, 체력을 위해서든 공통적으로 힘든 과정을 버텨내야 한다. 그렇게 어려운 과정을 이겨내고 나면 여러 가지 면에서 긍정적인 결과를 얻게 된다. 그런데 때로는 너무 허무하다. 달성하는 노력에 비해, 되돌아가는 것은 한순간이기 때문이다. 조금만 흐트러지면, 너무 쉽게 예전으로 돌아간다. 쉬워도 너무 쉽다. 그런데 매사가 그렇다. 좋은 것을 세우는 데는 오래 걸리지만, 나쁜 쪽으로 가는 것은 순간이다.

모든 사람은 각기 연약한 지점이 다르다. 그래서 다가오는 유혹의 색깔 역시 모두 조금씩 다르다. 하지만 유혹받지 않는 인간은 없고, 유혹이 중단되는 시기도 없다. 이 부정적인 것을 하나님께서는 일거에 제하시지 않는다. 아마도 우리의 인격과 의지에 대한 여전한 존중이리라.

또한 역설적이게도 유혹의 순기능도 존재한다. 필립 얀시는 「아무도 말해주지 않았던 것들」(그루터기하우스)에서 이렇게 말한다.

아마 이것이 하나님이 유혹을 모두 제거하기보다는 그것을 허락하신 한 가지 이유일 것이다. 유혹은 당신의 영성을 강화시키고, 인생에서 가장 중요한 것에 초점을 맞출 수 있는 기회를 제공하기 때문이다. 유혹에 빠져 있을 때, 당신은 틀림없이 하나님의 도움이 필요하다.

자신에게 찾아오는 유혹을 인지할 수만 있다면, 그 유혹은 도리어 우리가 하나님을 향해 한걸음 더 나아갈 수 있는 방편이 될 수도 있다. 우리 모두 그리되기를 소망한다.

일상의 유혹
ⓒ 손성찬, 2020

1판 1쇄	2020년 6월 25일
1판 3쇄	2022년 7월 25일
지은이	손성찬
발행인	조애신
편집	이소연
디자인	임은미
마케팅	전필영
경영지원	전두표
발행처	도서출판 토기장이
주소	서울시 마포구 동교로 71-1 신광빌딩 2F
출판등록	1998년 5월 29일 제1998-000070호
전화	02-3143-0400
팩스	0505-300-0646
이메일	tletter77@naver.com
ISBN	978-89-7782-436-2

- 이 책은 저작권 법에 따라 보호를 받는 저작물이므로 무단 전재와 무단 복제를 금합니다.
- 이 책의 전부 또는 일부를 이용하려면 반드시 저자와 도서출판 토기장이의 동의를 받아야 합니다.
- 이 도서의 국립중앙도서관 출판예정도서목록(CIP)은 서지정보유통지원시스템 홈페이지 (http://seoji.nl.go.kr)와 국가자료종합목록 구축시스템(http://kolis-net.nl.go.kr)에서 이용하실 수 있습니다. (CIP제어번호 : CIP2020025073)

도서출판 토기장이는 생명 있는 책만 만듭니다.
"우리는 진흙이요 주는 토기장이시니 우리는 다 주의 손으로 지으신 것이니이다" (이사야 64:8)